销售心理学

SALES PSYCHOLOGY

潘鸿生◎编著

德宏民族出版社

图书在版编目（CIP）数据

销售心理学 / 潘鸿生编著 . -- 芒市 : 德宏民族出版社，2020.6
ISBN 978-7-5558-1301-9

Ⅰ . ①销… Ⅱ . ①潘… Ⅲ . ①销售－商业心理学 Ⅳ . ① F713.55

中国版本图书馆 CIP 数据核字 (2020) 第 077232 号

书　　名：销售心理学
作　　者：潘鸿生　编著

出版·发行	德宏民族出版社	责任编辑	思铭章
社　　址	云南省德宏州芒市勇罕街 1 号	责任校对	排　英
邮　　编	678400	封面设计	U+Na 工作室
总编室电话	0692-2124877	发行部电话	0692-2112886
汉文编室	0692-2111881	民文编室	0692-2113131
电子邮箱	dmpress@163.com	网　　址	www.dmpress.cn
印 刷 厂	永清县晔盛亚胶印有限公司		

开　　本	145mm × 210mm　1/32	版　　次	2020 年 6 月第 1 版
印　　张	7	印　　次	2020 年 6 月第 1 次
字　　数	163 千字	印　　数	1-10000 册
书　　号	ISBN 978-7-5558-1301-9	定　　价	38.00 元

如出现印刷、装订错误，请与承印厂联系调换事宜。印刷厂联系电话：13683640646

前言

销售既是一种职业，也是一门科学、一门艺术，但它更是一场心理战，是一场销售人员与客户之间心与心的互动与博弈。

我国香港心理学家顾修全博士认为，“成功营销从心理开始”，即从了解客户的行为与心理规律开始。他的理论充分说明了销售要懂心理学的重要性。

随着我国市场经济的不断发展，市场竞争日趋激烈，消费需求日趋多样化。在这种新态势下，销售工作越来越难。销售人员如果不能及时分析研究客户心理及其变化，并采取有效的销售对策，就难以在竞争中取胜。

美国销售大师甘道夫博士有一句名言：“销售是98%的了解人性+2%的产品知识。”很多销售之所以不成功，是因为没有了解客户，没有了解客户的心理，没有了解客户的需求。事实上，销售人员掌握了心理学知识，具有良好的心理品质，就能在销售工作中，通过细心观察消费客户的言谈举止和表情流露，了解他们的购买心理，有意识地采取恰到好处的心理接待方法。对于处理好买卖双方矛盾，提高销售工作效果，把整个销售过程变成一种心情舒畅和欢乐喜悦的情感交流过程，都是非常必要和可能的。

在销售的过程中，了解客户的心理状况是销售人员必备的重要素质之一。同时，销售人员对自身在销售过程中的心理反应的有效控制也是不可或缺的重要因素之一。销售中，销售人员会遇到各种各样难以处理的难题，会遭遇到很多意想不到的挫折和打击，会面对来自各方面的心理压力，以至于影响自己的正常情绪和身心健康，所以，销售人员应了解在销售过程中自身的心理反应，并对此实行有效的控制。在销售的过程中把握自己的心理也是销售成功的重要因素之一。

销售就是一场心理战，销售就是心与心的较量。可以说一切销售行为，都离不开心理学。本书以心理学知识作为理论基础，汇集了大量相关的销售实战案例。书中所讲的销售策略可以帮助销售人员迅速提升销售业绩，解除和客户之间的隔阂，消除客户的心理防线，拉近与客户之间的心理距离，赢得客户的信任；帮助销售人员在销售过程中准确把握客户的心理状态，洞悉客户的心理需求、购买动机和心理弱点，以便对客户进行心理暗示，最终赢得客户的信赖，达成合作。

目　录

第一章　拉近距离，解除客户的心理防线

第二章　获得认同，让客户喜欢上你

第三章 瞄准心理弱点，抓住客户软肋进行推销

第四章 察言观色，破译客户的心理密码

第五章 修炼强大内心，销售拼的是心态

第六章　打动人心，把话说到客户心里去

第七章　进行心理诱导，让客户不知不觉说“是”

第八章　心理说服：攻克客户心理壁垒

第九章　情感投资，加强客户心理维护

第十章　心理博弈，把拒绝变成订单

第一章　拉近距离，解除客户的心理防线

给客户留下良好的第一印象

在销售中，第一印象非常重要。可以说，它是沟通的开始，在很大程度上影响着客户以后对你的看法及感情，也决定着将来能否迅速成交。

曾经有位资历较深的销售专家这样告诫涉足营销的同仁们：在销售工作中，懂得形象包装，给人以良好的第一印象，是成为永远赢家的基础。这话的确是经验之谈。人都是重“感觉”的，第一印象往往决定未来的发展关系。如果在双方初次见面时，留下的是负面的第一印象，那么，即使你的专业能力再强，也很难有机会得到证明了。相反，如果你给客户留下美好的第一印象，你就有机会施展才华了。因为“良好的开端，是成功的一半”。

于洋是一位销售新人，他的工作是销售各种防盗门窗。上班的第一天，老板就交给他一个很重要的任务，让他到一个很有钱的客户家里推销防盗门。在此之前已经有5位很有经验的销售人员去过，但都没有成功。

于洋非常紧张，想着自己刚刚入行，没有经验，当他站在客户的家门口时，手脚都在不由自主地发抖。但他还是摁了门铃。一位中年妇女打开门，听他结结巴巴地做完自我介绍后，请他进了屋。

于洋在那儿待了两个多小时，喝掉了十几杯茶，虽然表现得有些紧张，但出人意料的是那位女士却当场在合同上签了字，买下了价值1万元的防盗门。

在这之前，那位女士已经打发走了5位防盗门窗的销售人员，而且他们的开价都比于洋的低。但是她为什么偏偏选择和于洋签单呢？原因其实很简单，那位女士说："这个小伙子敦厚的表现让我放心，我喜欢这个小伙子。"

在那两个多小时的时间里，于洋凭着他的谦恭、礼貌、真诚和可爱赢得了那位女士的信任，并最终谈好了这笔生意。他没有口若悬河地夸夸其谈，没有和客户谈折扣，没有用花言巧语来蛊惑客户，也没有表现得低三下四、唯唯诺诺或者趾高气扬、目中无人，仅仅靠自己正直的人格，换取了客户的喜欢和信任。

给客户留下了良好的第一印象是于洋成功的关键。假如你能够被客户喜欢，那么你就已经成功了一半。

尽管有时第一印象并不完全准确，但是却在人的情感因素中起着主导作用。在销售中，销售员可以利用这种效应，展示给客户一种极好的形象，为下一步的销售打下良好的基础。当然，为了暂时留下好印象而去伪装是不可取的，即使赢得了客户也只是暂时的，只有销售员真正拥有在谈吐、举止、修养、礼节等各方面的高素质，才会赢得更多的客户，并且建立的关系更长久。

有一句谚语是这样说的：第一印象永远不可能有第二次机会。作为一名合格的销售员，任何时候要尽自己所能给客户留下良好的印象，只有在客户接受你的情况下，他才会考虑接受你的商品。

那么，怎样才能给客户良好的第一印象呢?从根本上说，它离不开提高自己的文明程度和修养水平，离不开进行经常的心理锻炼。心理学家提出下面几条建议：

1.良好的外表。良好的外表并不是指面容的漂亮，而是指服饰整洁得体，穿着与自己的身份、销售的产品和公司的形象相符。一般来说，在与客户面谈时，男士着深色的正装是合适的，而女士着职业套装是恰当的。

2.言谈举止。销售人员的言谈举止应显得文雅、潇洒、有修养，粗俗的言语和鲁莽的举止，会给客户留下不好的印象。

3.表情和态度。初次拜访客户时，销售人员的态度和表情会给对方很大影响。销售人员的表情应显得温和、亲切，面带笑容，态度要热情和蔼，这可使对方感到心情舒畅和愉悦，对方无疑会对你产生好印象。倘若销售人员表现麻木、脸色阴沉、态度冷漠，那么你给准客户的印象一定不好，对方会认为你是一个对工作、对客户缺乏热情的人，谁愿意和这样的人做生意呢？

自己人效应：多谈与客户的共同点

当你与客户接触时，如果你说你是来推销的，他的脸色往往就会变冷；如果你问他是哪里人，他说东北的，你说你也是东北人，他的脸色或许就会由冷转热；如果你接着说，你们两个人是同一个市同一个区的，客户的态度可能就会变得更好些。为什么会出现这种情况呢？因为，你与客户之间有共同点，每个人都认同自己的出身和自己的爱好，如果你的出身、爱好和客户是相同的话，他自然会喜欢你。这种心理现象，心理学上称之为——自己人效应。

利用好自己人效应，可以帮助我们解决销售中的很多问题。销售大师杰弗里·吉特默曾说："如果你找到了与潜在客户的共同点，他们就会喜欢你、信任你，并且购买你的产品。"

有一次，业务员王鹏去西安出差，任务是与当地一家公司签订销售电脑的合同。王鹏到了这家公司老总的办公室，看到书架上放了一整排房地产方面的书籍。王鹏开始并没有直接进入推销电脑的话题，而是跟老总闲聊了起来。

"李总，听您口音是西安本地人吧。西安真是个好地方，我一下飞机就喜欢上这儿了。"

李总面露微笑："是啊，我从小在这古城墙下长大的，大学毕业后又回到家乡创业，我恐怕一辈子也不会离开这里了。"

王鹏又说："毕竟是六朝古都，西安就是有一种低调的大气在里面，不用张扬，外人却都感觉得到。"

一番开场白说得李总频频点头。王鹏趁热打铁："李总，我看到您有好多房地产方面的书，您真是博学。"

"也没有，只是初步了解一下，西安的房地产也越来越发达了，我也有意涉足。"

"真是太巧了，我哥哥就是做房地产的，我跟您说说他们幕后的事情吧。"

就这样，王鹏与李总从房地产说到金融业，从基金股票聊到保险期货，甚至于人民币升值和美军在伊拉克的局势都聊得热火朝天。结果聊着聊着都时近中午了，老总突然想起了王鹏此行的目的，让王鹏介绍了所销售的电脑的情况，又看了合同，爽快地签了字。

最后李总对王鹏说：“看你这个人的性格和谈吐，我就知道你们的产品肯定没错，如果这次合作愉快，我们二期办公室改造的电脑采购还交给你们公司，我下次就找你了。”

一次简单的谈话，不仅谈成了生意，而且拓展了潜在的业务。推销员王鹏的成功之处就在于充分发挥了“共同点”这一巨大作用。自己人效应决定了见到同样的发型，我们会倍感亲切；热衷于同一种运动，我们会惊异于这种同感；执著于同一个品牌，我们会大谈其种种好处或者新出的款式……我们“找到”了共同的话题，兴致勃勃，结果使原先千篇一律的“我推销，你听着”的交谈模式大大变了模样，从而更新鲜、更惹人注目，也更有效、更易迅速进入主题。

赢得销售最好的方法就是先赢得准客户的心。如果销售人员能够发现自己与准客户有共同点，便能建立起商业情谊。

事实证明，和客户找到共同话题达到“共鸣”，可以让销售人员在销售过程中变得更轻松，客户也会很高兴，可以说是皆大欢喜。因此，寻找共同话题对于沟通的双方是非常重要的。

那么，怎样才能找到自己与客户之间的共同点呢？

1.留心观察。一个人的心理状态、精神追求等，都或多或少地会在他们的表情、服饰、谈吐、举止等方面有所表现，只要你善于观察，就会发现你们的共同点。例如，客户和你一样都穿了一双××品牌的皮鞋，你就可以以××品牌的皮鞋为话题开始你们的谈话。

2.以话试探。正式推销产品之前，你可以和客户闲聊几句，可以采用自言自语。例如，“今天太冷了”，客户听到这句话便可能会主动回答将谈话进行下去。还可以以动作开场，随手帮对方做点事。如按一下电梯、拿一点东西等；也可以从发现客户口音特点，打开销售局面。例如：听出对方的东北口音，说“东北人吧？”以此话题便可展开。

3.循趣发问。问明客户的兴趣，循趣发问，能顺利地进入话题。每个人都有自己的兴趣爱好，即使一个再沉默寡言的人，只要与人谈起他的兴趣爱好，他也会口若悬河。如客户喜爱象棋，便可以此为话题，谈下棋的情趣，车、马、炮的运用，等等。如果你对下棋略通一、二，肯定谈得投机。如你对下棋不太了解，那也正是个学习机会，可静心倾听，适时提问，借此大开眼界。你也可以先谈谈自己的兴趣爱好，来个抛砖引玉，然后在彼此的兴趣爱好里寻求共鸣点，以此增进了解深化感情，并把彼此兴趣爱好扩大到一个广阔的领域。

开场白效应：设计一段精彩的开场白

“万事开头难”，在销售员与客户的接触中，最难的就是开篇一席话，既要创造良好的推销气氛，又要尽可能多地了解对方，洞察对方的内心世界，有针对性地开展推销活动，这实在是销售中的难点。当代世界最富权威的推销专家戈德曼博士说：“在面对面的销售中，说好第一句话是十分重要的，顾客听第一句话要比听以后的话认真得多。”《华尔街日报》记者、哈佛大学客座教授尼德·尚曾自信地说：“第一句话都不会说，怎么能了解对手呢，这样的傻事我可从来不干。”所以，任何一名销售员都要重视每一个开场白的设计，这样才能使销售工作顺利展开。

张大亮到广州之后的第一天，见面的对象是一家电器公司人力资源部的李先生，他要想办法尽快找到一份工作，对话内容如下。

张大亮：李先生，您好，现在接电话方便吗?

李先生：方便，您是哪位?

张大亮：我姓张，您叫我小张就可以了，很高兴通过朋友的介绍拨通您的电话，今天冒昧打电话是有一件事情想要请您帮个忙，大概会耽误您一到两分钟的时间，可以吗?（自我介绍表明身份，是对客户的尊重，关键是当张大亮十分有礼貌地对李先生说，“有件事情想要请您帮个忙”的时候，对方会很好奇自己究竟可以帮对方什么忙，对话就可以顺利地进行下去了。）

李先生：什么事情?

张大亮：其实我是一位刚到广州的年轻人，我很希望能够寻求一个在电器行业发展的机会，我以前从事过家用电器行业的销售，而且有过非常成功的经验，我百分之百地相信自己可以帮助贵公司提高卖场销售的业绩，今天打电话，只是希望您能给我一次五分钟的见面机会，向您当面介绍一下我用什么样的策略与方法可以帮助贵公司提高销售方面的业绩，您看好吗?

李先生：原来是这样呀，好，那你过来吧！（成功获得约见的机会，解决了工作和生存的问题。）

很多有经验的销售员在每次拜访客户前，都会花时间来考虑如何跟客户说一番精彩的开场白。因为只有在第一时间抓住客户的注意力，才能赢得与客户继续交谈的机会。

销售心理学分析认为，在开始接触客户的前30秒是吸引客户注意力的最佳时间，如果销售人员能够在这30秒内完全吸引住客户的注意力，那么之后的销售过程就会变得轻松自如，让销售人员控制整个局面。所以，销售人员应该设计一个独特且吸引人的开场白，借此在短短几秒钟内就将客户的注意力全部吸引到自己身上，让他能够停下忙碌的工作，专心听你介绍产品。

优秀销售员常用以下几种开场白来“招揽”客户。

1．提问开场法。在提问开场法的开场白中，销售人员可以找出一个和客户需要有关系的，同时又是所销售产品能给对方带来满足的问题，以得到对方的正面答复。例如，你可以问：“您希望减低20%的原料消耗吗？”对于那些有可能得到对方否定回答的问题，则应该小心谨慎地去提问。比如：“您看过我们的产品吗？”“没看过呀！”“这就是我们的产品。”并同时将样品展示，接着再说：“敝公司派我特地来拜访您。您觉得我们的产品如何？”

2．借用第三方的影响力。在初次拜访客户的时候，销售人员如果直接冒昧地去接近，其效果往往不会太好。如果能在客户面前提一提你们都认识的人，说明这次拜访是通过熟人介绍来的，或者提一下客户的朋友、亲戚或是某个公众名人，就可以相对容易地接近客户。因为客户在一般的情况下，借助第三方的面子，可以有效消除客户的戒备，从而给你面子。

3．适当的时候以一些著名的公司或人物为例。由于在很多时候，人们的购买行为常常会受到其他人的影响，因此作为一名销售员，如果能把握和利用好客户的这层心理，就一定可以收到好的效果。

“李经理，由于升腾公司的余经理采纳了我们的建议后，公司的营业状况已经大有起色。”

要知道，通过举一些著名的公司或人为例，是可以壮自己的声势的，特别是，如果你举的例子，正好是客户所景仰或性质相同的企业时，效果就会更显著。

4. 利用产品。销售员可以利用自己所推销的产品来引起客户的注意和兴趣。这种方法的最大特点就是可以让产品作自我介绍，用产品的魅力来吸引客户。

河北省某乡镇企业厂长张某把该厂生产的一些款式新颖、做工考究的皮鞋放到北京某商厦经理办公桌上时，经理不禁眼睛一亮，问：“哎呀，这是哪产的？多少钱一双？真是太好了。”

还有广州表壳厂的一个推销员到上海手表三厂去推销自己的产品，他提前准备好了一个产品箱，里面放上很多制作精美的新产品，进门后都没有说太多的话，就把箱子打开，一下子就吸引住了在场的人。

5. 学会向客户“求教”。这方法就是销售员装不懂，向客户请教问题，以引起客户注意。此方法很适合那些好为人师，喜欢指导、教育别人或者显示自己的人。

“王总，我知道您在计算机方面是公认的专家。这是我公司刚刚研制出来的新型电脑，请您多多指导，不知道在设计方面还存在什么问题没有。”

无论是谁在受到这番抬举后，都会接过计算机的资料信手翻翻，一旦被其先进的技术性能所吸引，推销便大功告成了。

6．讲故事开场法。有时用一个有吸引力的故事或笑话开场，也可以收到良好的效果。但在这样做的时候一定要注意，讲故事的目的不仅仅是为了让客户感到快乐，所讲的内容一定要与你的推销工作有某种关联，或者能够直接引导客户去考虑你的产品。

7．不可忽视赠品的魅力。要知道很多人都有贪小便宜的心理。所谓的赠品，就是利用人们的这种心理进行推销。

8．以利益为诱饵。几乎所有的人都对钱感兴趣，省钱和赚钱的方法很容易引起客户的兴趣，因此销售人员可以根据人们的这种容易受到利益驱动的特点去设计自己的开场白。如："张经理，我听说贵公司每年花在电能消耗上面的钱都是一大笔开支，今天我正是想告诉您可以有一种方式帮助贵公司节省一半电费……"或"刘厂长，你愿意每年在原材料方面节约10万元吗？"

笑容照亮所有人，为你带来黄金

微笑是打开人与人之间关系坚冰的最佳手段，又是给你好印象的开始，销售中只要坚持微笑，那么客户肯定会接受你，试想，有谁能拒绝一位向他微笑的人呢？

微笑对销售人员来说，是至关重要的。世界上最伟大的汽车销售员乔·吉拉德就曾说过："当你笑时，整个世界都在笑。一脸苦相，没人理睬你。"微笑，并不仅仅是一种心情的表示，更重要的是与客户感情上的沟通。微笑就等于告诉对方：我是值得您信赖的，我是您的朋友，我是一个心地善良诚实的人、我是一个您值得相交的人。当你向客户微笑时，要表达的意思是："见到您我很高兴，愿意为您服务。"微笑体现了这种良好的心境。一个善于微笑的销售员可以赢得越来越多的客户。

日本销售大师原一平在三十岁时创下了全日本第一的推销业绩，此后屡创令人惊异的纪录。与其他同行相比，没人能与之相提并论，造成无人与之竞争的独霸局面。从1949年起，连续17年，一直是美国百万美元推销员俱乐部的会员，后来，原一平又被选为该俱乐部的终身会员。而原一平是怎样取得这样的成就的呢？这与他个人的销售能力有关，但是有一个因素也是不能忽略的，那就是微笑。原一平的微笑被誉为"值百万美金的笑容"。

有一次，原一平上门去推销产品，当他叩响一家客户的门时，门内的一位家庭主妇正在生彻夜不归的丈夫的气，当她开门的时候，心里仍在想：肯定又是来上门推销的，如果是的话我立刻把他骂走！正好撒撒心中的恶气！结果才把门打开，一张带着超级迷人微笑的脸就映入了眼帘，心中的一腔怨气立刻一扫而光，之前想要把推销员骂出门的想法早就抛在脑后，寒暄之后赶紧就把原一平让进了屋里……

看，这就是微笑的魅力。可见，养成微笑的习惯是多么的重要。

微笑，是一种愉快的心情的反映，也是一种礼貌和涵养的表现。销售人员自然而朴实的微笑，是与客户沟通最好的敲门砖，是最好的催化剂。

微笑是传递友好与善良的信号，是消除对方敌意的开关，微笑可以拉近彼此之间的距离，增进彼此之间的感情，同时微笑还可以使自己增强销售成功的信心，把微笑与自信带给客户，因此，微笑对于销售人员来讲，它既不花成本，利润还很丰厚。

俗话讲："笑口且常开，财源滚滚来"，"抬头微微笑，低头数钞票"。销售员的微笑是创造财富的来源，"要把销售做得好，天天微笑少不了"，因此，要学会用真诚的微笑去打动客户，以甜蜜的微笑去赢得客户，把温暖带给他人，把幸福传给客户。

富兰克林·贝特格是圣路易斯红雀棒球队的三垒手，退役以后成了全美国最成功的保险推销人士之一。他说，他好多年前就发现，一个面带微笑的人永远受欢迎。因此，在进入别人的办公室之前，他总是停下来片刻，想想他必须感激的许多事情，绽开一个大大的、宽阔的、真诚的微笑，然后当微笑即将从他脸上消失的刹那走进去。这种简单的技巧，与他推销保险如此成功有很大的关系。

在销售过程中，销售人员以微笑开始服务与客户接触，在轻松愉快的环境下进行销售，有助于消费行为的产生，即使没有销售成功，也至少体现出销售人员应有的风度与企业良好的文化，因此，微笑始终要贯穿在销售人员与客户的交往当中。

微笑是销售人员接近客户最好的介绍信。微笑的表情，是一种诚意和善良的象征，是愉悦别人的一种良好形象，同时也是一种引起兴趣和好感的催化剂。但是在运用微笑传情达意的时候，要注意做到以下几点。

1.要笑得自然。微笑是发自内心的，是美好心灵的外观。这样才能笑得自然，笑得亲切，笑得美好、得体。要注意不能为笑而笑，没笑装笑。

2.要笑得真诚。微笑既是自己愉快心情的外露，也是纯真之情的奉送。真诚的微笑让对方内心产生温暖，有时候还可能引起对方的共鸣，使之陶醉在欢乐之中，加深双方的友情。

3.微笑的程度要合适。微笑是向客户表示一种礼节和尊重。但是如果不注意程度，微笑得放肆、过分、没有节制，就会有失身份，引起对方的反感。

记住名字，是对客户最大的恭维

在销售过程中，客户有一项很重要的心理需求，那就是：被重视！可以说，被重视是人类的共同需求，也是人性的又一弱点。那么如何满足客户的这种需求呢？记住客户的名字，不失为一种好办法。

心理学家认为，当听到别人叫出自己的名字时，人的内心会产生喜悦感和满足感。在销售过程中，你可以一而再地使用这个“工具”，顾客是永远不会厌倦的，这还可以削弱顾客的紧张心理，并缓和彼此意见的对立；同时，也会让顾客觉得你与众不同。摩托罗拉公司认为，如果公司的服务人员能记住老顾客的姓名，并在其再次光临时能立即叫出他的名字，就可以有效地提高顾客的满意度。

有一位美容店的老板说："在我们店里，凡是第二次上门的，我们规定不能只说'请进'。而要说：'请进！某某小姐（太太）。'而且，只要来过一次，我们就存入档案，要全店人员必须记住她的尊姓大名。"如此重视客户的姓名，使客户感到备受尊重，走进店里颇有宾至如归之感。因此，老主顾愈来愈多，生意愈加兴隆了。

准确地记住客户的名字在销售活动中具有至关重要的作用。善于记住客户的姓名是一种礼貌，也是一种感情投资，在销售中会起到意想不到的效果。美国一位学者曾经说过："一种既简单但又最重要的获得好感的方法，就是牢记住别人的姓名，并且在下一次见面时喊出他的姓名。"名字作为每个人特有的标识，是非常重要的。对一个人来说，自己的名字是世界上听起来最亲切和最重要的声音。它不但是能获得友谊、达成交易、得到新的合作伙伴的通行证，而且能立即产生其他方式所达不到的效果。

美国前总统富兰克林·罗斯福认为，一个政治家所要学习的第一课就是记住选民的名字，把这当成是一种不可或缺的政治才能。在生活中，他也经常运用这一才能，他能够在第一时间很快地记住一个人的名字，并在恰当的时机叫出他的名字，因此赢得了许多平民大众的尊重。

下面这个故事是纪伯伦回忆的时候讲起的。有一次，克莱斯勒公司为罗斯福制造了一辆特别的汽车，纪伯伦和一位机械师负责将这辆车送交至白宫。当他们把车送到白宫的时候，周围的人都忙着称赞这辆车的奇妙之处，而就在朋友们对这辆车啧啧称美的时候，罗斯福当着众人的面说："纪伯伦先生，我真感谢你，感谢你为设计这辆车所耗费的时间和精力，这真是一件相当杰出的工程！"纪伯伦回忆的时候，仍然感到心情愉悦，堂堂一国总统竟然记得他的名字，这足以令他终生难忘。

当时同去的那个机械师也深有同感。他被介绍给罗斯福的时候，并没有与总统谈话，也就是说罗斯福只听到过他的名字一次。这位机械师是个寡言且害羞的人，一直躲在后面，但是在他们即将离开的时候，总统找到他，亲切地与他握手，轻轻叫出他的名字，并谢谢他到华盛顿来。机械师当时就特别感动，因为他能感受到总统的致谢绝非草率，更能体会到总统叫出他名字的时候流露出的真诚，这种感觉也让他感到奇妙无比，至今回味无穷。

记住对方的名字是极为重要的。这既表现出了你对对方的重视，同时，也让对方感到你的亲切，如此一来，对你的好感也就油然而生。抓住了对方的这一心理特征，你也就轻松地赢得了客户的心。

美国前总统罗斯福说过："交际中，最明显、最简单、最重要、最能得到好感的方法，就是记住人家的名字。"和客户沟通的第一秘诀就是记住客户的名字，因为记住客户的名字，是尊重客户的开始，也是与客户有效沟通的第一步。

世界上天生就能记住别人的名字的人并不多见，大多数人能做到这一点全靠有意培养形成的好习惯。而你一旦养成了这个好习惯，它就能使你在销售活动中占有很多优势。

总之，名字是世界上最美妙的字眼，每个人都十分看重自己的名字。记住别人名字，并真诚地叫出别人的名字，它意味着我们对别人的接纳，对别人的尊重，对别人的诚心，对别人的关注。

提高亲和力，让客户喜欢你

一位营销大师经过对多个楼盘售楼小姐业绩的调查后得出结论：“在各个楼盘里，业绩最好的售楼小姐往往不是最漂亮的，而是最具亲和力的。”

所谓亲和力，是一种无形的凝聚力，能让周围的人感觉到跟我们在一起很舒服，很喜欢跟我们在一起，也很喜欢我们的办事方式。成功的销售人员都具有非凡的亲和力，他们非常容易博取客户对他们的信赖，他们非常容易让客户喜欢他们，接受他们。换句话说，他们会很容易跟客户成为最好的朋友。

一家消费品市场的老板，把很多个销售员都拒之门外。后来，有一位销售员去了他那里，当时，老板正在忙着他自己的事，销售员就先站了一会儿，一直保持着微笑和安详的神态看着他，偶尔帮一下手。几分钟后，老板对他说：“我看着你就顺眼，你的商品我要了，要是别人来，我就是不要。”后来，这个消费品市场成了这位具有亲和力的销售员的长期稳定客户。

这就是亲和力在销售过程中的作用，在与客户的交往过程中，亲和力是销售员无形的杀伤武器，它可以化干戈为玉帛，达到四两拨千斤的作用，给销售员带来更多的收获。其实，亲和力的建立，就是通过某种方法，让客户依赖销售员、喜欢销售员、接受销售员。当客户对销售员产生依赖、喜欢的时候，自然也会比较容易接受和喜欢销售员销售的商品。

对于销售人员来说，很多时候亲和力甚至比高超的销售技巧重要。因为只有具备了亲和力，才容易接近客户，促成沟通，达成合作。超强的亲和力，会让你在第一时间拉近与客户的距离，最大限度地消除戒备感。这样的氛围下，才有可能促使交易成功。销售其实首先要做的是自我推销，只有让客户接受你，认可你，才会对你所推销的产品和服务产生信赖感。而亲和力是完成自我推销的有效利器。

亲和力的建立同销售人员的自信心和自我形象有密切的关系。什么样的销售人员最具有亲和力呢？通常，这个销售人员要热诚，乐于助人，关心别人，具有幽默感，诚恳让客户值得信赖，而这些人格特质跟自信心又有密切的关系。

人是自己的一面镜子，你越喜欢自己你也就越喜欢别人，而越喜欢对方，对方也容易跟你建立起良好的友谊基础，自然而然地愿意购买你的产品。实际上他们买的不是你的产品，而是真诚的你，人们不会向自己不喜欢的人买东西。

销售员在闲暇的时候不妨好好回忆一下：在你的工作当中，哪些是你最好的客户，哪些是最喜欢向你买东西的客户，你们彼此之间是否如同朋友一般。正是这种彼此之间亲和力的感觉造成了大部分成功的销售行为和结果。

销售市场中最卓越的销售员都是能够和客户建立良好的关系并具有亲和力的销售员。至于那些失败的销售员，因为他们自信心低落、自我价值感差和自我形象糟糕，所以他们不喜欢自己，讨厌自己，当然从他们的眼中看待客户的时候，就很容易看到客户的缺点，也很容易挑客户的毛病。他们容易讨厌客户，挑剔客户，不接受客户，自然无法与客户建立起良好的友谊，与客户间也无亲和力可言。

小丽是一家高档服装店的导购，她每天都会与形形色色的客户打交道。对待客户，小丽有自己的原则，那就是：以其人之道，还治其人之身。她认为对于友善的客户，要笑脸相迎，笑脸相送；而对于某些自大狂妄的顾客则不能任其指使，越是对其唯命是从就越会助长他们的嚣张气焰。

这天，店里来了一位神情高傲的妇人，她从进入店面开始就不停地对衣物指指点点，同时还用藐视的眼神看小丽，这使小丽怒火中烧，于是极其冷淡地回应这位妇人。可谁知，妇人开始更加无礼地让小丽不断拿出各种型号、颜色的衣服挨个试，直到将小丽累得半死才满意地离去。

当面对挑剔、傲慢的顾客时，很多销售员会自视清高，对之不理不睬，正如故事里的小丽。然而这样只会使对方更加恼火，不断找麻烦却始终不买产品。其实，只要你发自内心地微笑，充分展示你的亲和力，对方也许就会内疚于自己的无礼，从而选择购买你所销售的产品来弥补这种内疚。这样的结局对从事销售行业的人来说，何乐而不为呢？

亲和力是销售人员必备的特质，一个看似冷酷的销售员，必定不能获得客户的好感，更不用说引起对方购买的意愿。所以，要想做好推销工作，先要学会磨平自己的棱角，在客户面前，要给予如沐春风般的温暖和关怀。这样才能赢得对方的好感和认可，才有助于开展接下来的工作。

第二章　获得认同，让客户喜欢上你

表露真诚，客户才会信任你

人与人之间的交往贵在真诚，只有真诚相待才能够使彼此长久相处。以心换心，你怎样对待别人，别人就会怎样对待你。在销售活动中，也应该遵循这样的心理原则。做销售员首先要做一个真诚的人。

何谓真诚？真诚就是真实、诚恳、实事求是，没有一点虚假。如果一个销售员拥有了真诚的品质，他就会交很多的知心朋友，他的销售之路也会越走越宽。

在销售中，只有当客户感受到你的诚意时，他才会打开心门，接收你要表达的内容，彼此之间才能实现沟通和共鸣。如果销售人员言谈话语中缺乏诚意，就会让客户觉得你是在欺骗他，销售自然处于不利的地位，

一个顾客在试穿一件外套后，以一种非常满意的口吻询问：“它看上去怎么样？”

“不错，很好。”那位售货员立刻回答道。

随后，这位顾客又试了一件款式全然不同的衣服，能够发现她对这件衣服也很感兴趣，但是那位售货员在面对顾客的询问时，同样是不假思索地附和她的观点。

很快这位顾客就发现了那位售货员的建议只不过是在虚伪地迎合她，是没有任何价值的，因为无论她试哪件衣服，也不管她穿上效果如何、是否合身，那位售货员都会无一例

外地说非常合适。这样一来，这个售货员就给顾客留下了这样一种印象：他是不会对自己说出真话的，他的唯一的目的就是把东西卖出去。当客户想到了这一层的时候，那么自然也就不会在他那里买衣服了。

这个事例告诉我们，只有真诚对待对方，才能赢得对方的信赖。真诚是一种难得的品质，同时它也是销售员的基本素养。销售服务是一种人与人之间的沟通和互动。而且，销售服务的过程，本身就是一个创造善、提供善、追求善的过程。离开了真诚，一切的服务终将失去意义。所以说，紧扣着“真诚”的服务，销售人员就能打动用户，创造服务价值。

松下幸之助先生曾说：“在这个世界上，我们靠什么去拨动他人的心弦？有人以思维敏捷、逻辑周密的雄辩使人折服；有人以声情并茂、慷慨激昂的陈词去动人心扉……但是，这些都是形式问题。我认为在任何时间，任何地点，去说服任何人，始终起作用的因素只有一个，那就是真诚。”

真诚是赢得客户好感的最好的方法。当你真诚对待客户时，你就赢得了对方的信任，建立起人际信赖关系，对方也就可能由信赖你这个人而喜欢你推销的产品。

松下幸之助是日本著名的企业家和成功人士。在他小的时候，由于家境贫寒，9岁的小松下就外出打工了。他到了大阪，在一家自行车店当学徒。少年松下勤奋、诚实，做事肯动脑筋，受到老板和大师傅们的喜爱。但是，由于他年纪小，只能干些杂活。而年少有志的小松下却一边打杂，一边留心学手艺。师傅们在干技术活的时候，他总是会留心地看，并记在心里，渐渐地学了不少的东西。

就这样松下在自行车店里一连干了好几年。当时推销自行车是店里最重要的事情。松下也渴望着有一天自己能亲自去推销。于是每当老板或大师傅们向顾客推销自行车的时候，他总是羡慕地站在一边，认真地看着，听着。

很快机会就来了。一天，一位富商派人到店里来，准备买一辆自行车，并且急着要看货，而此时其他大师傅们都不在，老板只好让15岁的松下去试试。松下想到自己终于可以推销自行车了，于是十分兴奋，他吃力地背起一辆自行车满怀激情地向富商家走去。

见到买主后，松下竭尽所能地根据自己学到的东西，不厌其烦地介绍着自行车的性能和优点。虽然之前他觉得自己已经完全掌握，但是由于第一次实践，所以他说起来还是很吃力，显得结结巴巴的。但是在整个推销的过程中小松下却一直保持着充足的热情，态度十分真诚。

富商听完松下吃力的介绍后面带微笑地对他说："真是个热心可爱的好孩子。好吧，我决定买下了，不过要打九折。"讨价还价、商品打折是很常见的事情，于是松下想都没想就立刻答应了。

但是当松下欣喜地飞奔到店里向老板报告了"好消息"后，老板却很生气，他板着脸说："谁叫你以九折出售的？你再去买主家，告诉他只能减价5%。"松下遭受了当头一棒，心里充满了委屈。但是松下已经和买主许下承诺，如果再到买主那里讨价，实在令他难以启齿。于是他只好请求老板答应以九折出售。说着说着，不禁泪水夺眶而出，甚至放声大哭起来。

这时老板也不知如何是好，毕竟松下还是个孩子。后来富商了解到情况后，被小松下的真诚深深地打动，不仅同意以减价5%购买自行车，还许诺只要小松下在店里一天，他就绝不会到别的店里买自行车。

松下幸之助的成功，在于真诚的说话态度。唯有真诚之心才能打动人心，以真诚之心对待他人，我们才能获得他人的信任，建立良好和谐的关系。

作为一个销售人员，光有热情是不够的，除此之外更重要的是要心怀真诚。真诚是打开别人心灵的金钥匙。你对人真诚，别人也会真诚待你；你敬人一尺，别人自会敬你一丈。在销售中，只有以诚待人，才能在感情上引起客户的共鸣，才能相互理解、接纳，并使关系进一步巩固和发展，从而获得销售成功。

谈吐专业，让客户深信于你

作为一个销售人员，当你向一个陌生的客户推销产品时，如何能让客户相信你？前提是你必须对你的产品或服务要非常熟悉，非常专业。而如何让客户相信你的专业？方法只有一个，那就是使用专业性的语言。如果你是做电脑销售的，如果你连CPU的主频和倍频都解释不清楚的话，那客户不选择你的产品才是明智之举。在向客户介绍产品的时候，千万不要在客户问你时出现这种情况：这个参数我不是很了解；我要问问技术人员；我需要看看说明书等语言。这样的话，客户对你怎么能够相信得起来，客户对你的产品怎么能够相信得起来。

有一位推销员，他费尽心思，好不容易电话预约到一位对他推销的产品感兴趣的大客户，然而却在与客户面对面交谈时遭遇难堪。

客户说：“我对你们的产品很感兴趣，能详细介绍一下吗？”

“我们的产品是一种高科技产品，非常适合你们这样的生产型企业使用。”推销员简单地回答，看着客户。

“何以见得？”客户催促他说下去。

“因为我们公司的产品就是专门针对你们这些大型生产企业设计的。”推销员的话犹如没说。

“我的时间很宝贵的，请你直入主题，告诉我你们产品的详细规格、性能、各种参数、有什么区别于同类产品的优点，好吗？”客户显得很不耐烦。

“这……我……那个……我们这个产品吧……”推销员变得语无伦次，很明显，他并没有准备好这次面谈，对这个产品也非常生疏。

“对不起，我想你还是把自己的产品了解清楚了再向我推销吧。再见。”客户拂袖而去，一单生意就这样化为泡影。

显然，该推销员对产品知识毫无了解，于是造成了一问三不知的状况，自然无法在客户心中建立信任，销售失败也是必然的。由此可见，了解一个产品的基本特性是有多么重要。做一行专一行，作为销售人员，只有熟悉产品，才能更好地满足客户需求，用自己的专业度赢得客户的信任。

对于销售员来说，你必须让客户觉得你是他们的专家、顾问，你是用产品或服务来帮客户解决问题的人，而不仅仅是销售员而已。顾客不一定会因为销售人员宣称的产品优点而作出投资，但一定会因为这个产品能够给他们解决问题而掏钱。

不论在产品市场还是服务市场中，竞争给消费者提供了更大的选择空间。此时，影响他们选择与决策的因素已经不仅仅是产品本身，而是在产品、服务与消费者之间扮演桥梁角色的销售人员的专业能力。

除了某些功能简单、消费者有良好消费知识的产品外，产品销售对销售人员的专业能力提出了更高的要求。对于一些新产品，消费者缺乏消费经验，会对购买产生某种恐惧和担忧，对后续的使用中售后服务占有重要位置的产品与服务尤其如此。此时，销售人员如果不具备这方面的专业知识，即使声音再动听、说得再好听也难以打动顾客的心。因而，加强对产品的理解与认识是当前销售人员必须解决的根本性问题。

掌握专业的知识和巧妙的销售技巧是提升销售业绩的制胜法宝，能为你的销售带来突飞猛进的发展，当然这些需要通过销售人员积极的学习和在实战中摸爬滚打练就而成。

有一对夫妇乔迁之喜，来到某电器公司购买电冰箱。这对夫妇围着某某牌国产电冰箱转了好久，男的正准备掏钱付款的时候，女方突然改变了主意。

“我看，我们还是去买德国的西门子牌冰箱吧！”

“你怎么又变卦了，原来不是说好的吗？”

“我看这种国产冰箱质量不保险，不如德国的好。不过是多花千把块钱就是了。”

这时候，站在一旁接待他们的销售人员，眼看到手的生意没了，后悔自己刚才那么耐心地给他们解说都白搭了。心里一急一气，便脱口而出：“得了，得了，你早说不买，就别问这问那。德国的好，你们又有钱，去德国买好了，干吗上这儿来？”

这对夫妇一听，转身就想走。这时候，销售主管微笑地走了过来：

“两位请留步。我有几句话要对两位说。真对不起，刚才我们的销售人员说话没有礼貌，冲撞了两位。这都怪我这个主管，平时管理不严，我向二位赔礼道歉。”

这对夫妇听他这么说，才平息了怒气。“至于买不买我们的冰箱都没有关系，只是有一件事要向两位讨教一下。”

听到“讨教”两字，这对夫妇真的认真起来了。

“刚才这位女士说，我们的冰箱质量有问题，是否可以具体说明一下，也便于我们改进工作。”

女士冷不防给主管这么一问，一时不知如何作答，迟疑了一会，才吞吞吐吐地说：“我也是听人说，西门子牌的冰箱好。”她指着冰箱背后的散热管，继续说：“这些弯弯曲曲的管子都露在外面，也不好看。”

主管听她这么说，心中明白了几分。“小姐，这完全是误会。当然，西门子牌电器历史长、牌子老，有许多优点。但是，我们国产冰箱近些年来也有很大的进步，你们刚才看的这种冰箱，正在走向国际市场。”

这对夫妇将信将疑，主管接着说：“我们的冰箱经过周密的计算，将散热管暴露在空气中，散热的速度可提高一倍，由于热量散得快，所以冰箱内部制冷的速度快，达到提高效率、节约电能的目的。实验结果表明，与同等容积的密封式冰箱相比，我们的冰箱耗电量仅是它们的1/3。如果一天省半度电，请你算一下，1年省多少电费？”

主管换了口气继续说：“至于说到美观，这是不必要的顾虑。因为散热管在冰箱背后，紧靠墙壁或在墙角之间，对于正面观看，毫无影响，请两位放心。”

这位女士此时无话可说。这时主管又趁热打铁：“我看这样好了，你们若信得过我的话，下午我派车给你们送去。喏，这是单据，请到那边取发票和保修单。”

面对客户的异议，上例中的销售主管并没有冲动地与对方辩论，而是在充分调查了解的基础上，用专业的眼光来分析问题，让客户自己发现问题，这样就心平气和地解决了问题。

对于任何一个销售员来说，不仅应熟悉自己的产品，更为重要的是应成为产品应用专家，尤其当所销售的产品比较复杂的时候。

如果说，一名出色的销售员95%靠的是自身的热情，剩下的5%靠的就是产品知识。因此就不难得出销售员成为产品专家的意义了。销售员必须能够回答客户提出的一些问题，做到毫不迟疑、准确无误地说出产品的特点，并能够熟练地向客户展示产品。当然，做到这几点必须要具备专业的丰富的产品知识，自己才能够信心十足，才能相信自己的产品，也才能产生足够的热情，从而成为销售专家。

现在，很多顶尖销售员最引以为傲的并不是自己的销售业绩，而是他们在其产品或服务方面储备的丰富知识。熟悉本公司产品的基本特征，使自己成为产品专家，是销售员的一项基本素质，也是成为一名优秀销售员的基本条件。销售员在进行推销之前，一定要充分了解产品的一些常见的基本特征。

1. 产品的基本特征：你应当掌握你所销售产品的详细技术性能，如：材料、性能数据、规格、操纵方式等。当然，了解产品并不意味着一味地夸奖自己的产品，短处也应当坦然正视。在推销中不要怕承认自己产品或服务的缺点。拒绝接受顾客的反对意见，常会使推销工作毁于一旦，因为固执己见的推销员往往会使顾客也固执起来。对顾客来说，他们知道任何产品都有长处与短处，当长处与短处相比更为显著时，顾客就会决定购买。

2. 产品的生产过程：为了避免顾客想要了解产品的生产过程而我们不知道的尴尬，因此我们有必要了解一下。

3. 产品的使用方法：在操作和使用中介绍产品要比单纯的语言介绍给力得多，这样顾客更容易理解并且能及时看到效果。

4. 产品能给顾客带来的利益：客户为什么要买我们的产品？是因为他需要，所以这就需要销售人员给客户以引导和讲解，让客户看到产品能给他带来的利益。

总之，销售员是否具有良好的专业知识，会影响到客户对你的看法，更会影响到你的业绩。因此熟悉业务知识，并且像了解自己一样了解自己的产品，是销售人员的必修课。

燃烧热情的火焰，客户只买“热情”的单

对一个销售员来说，成功的因素很多，而居于这些因素之首的就是热情。没有热情，不论你有什么能力，都发挥不出来。

销售是一份十分需要耐力和坚强意志力的活儿，每一天都需要你充满热情。分析许多从事销售的人，一段从业时间之后，便销声匿迹了，这主要与“三分钟热度”有关。每天遭受拒绝的痛苦，意志力薄弱的销售员，在客户一声声“不要”中，只好打退堂鼓。他们失败的原因就是缺乏热情。

心理学家发现，“热情”是最能打动人、对人最具吸引力的特质之一。一个充满热情的人很容易把自己的良性情绪传染给别人。热情像一团火，可以照亮别人，感染别人，更可以使自己得到力量。在任何时候，保持热情总会让你受益匪浅。

有一天，一位顾客来到江民的计算机直销店挑选计算机，那位顾客看了店里所有的产品之后，没有看中任何一款计算机，正准备离开时，江民走过来，热情地对他说：“先生，我可以帮助你挑选到你最满意的计算机。我是这里的推销员，我很熟悉附近的计算机直销店，我愿意陪你一起去挑选，而且还可以帮你砍价。”

这位顾客同意了江民的请求，于是江民便带着他把附近

的几家店都看了一遍，但顾客还是没有挑选到他最满意的计算机。

最后，那位顾客对江民说："我还是决定买你的计算机。老实说，我决定买你的计算机并不是你的计算机比其他店里的要好，而是你对顾客热情的态度打动了我。到目前为止，我还没有享受过这种宾至如归的服务。"

结果，那位顾客从江民那里买了好几台计算机，而且，那位顾客还在他的朋友圈内为江民免费做"广告"，介绍了很多客户到江民的店里来买计算机。

很多时候，热情是一种力量，它可以促使客户更快地接受，无怪乎销售大师原一平所说："热情在销售中占的分量为85%，而产品知识只占15%。"在销售过程中，尤其是跟客户讲话的时候，绝对要热情，这也是成功的基本要素之一。热情最能够感化他人的心灵，会使人感到亲切和自然，能够缩短你和顾客之间的距离。

热情是世界上最宝贵的财富，没有其他任何东西比热情更能让人勇敢、精力充沛、引起别人的好感了。在销售中，如果你可以让客户感受到你的热情，那么他也会被你的热情所感染，自然会对你亮起绿灯。商品是没有生命的东西，但客户却是有血有肉的人，会被热情所打动。热情还可以弥补销售员自身的不足。即使是销售新人缺乏销售经验，也能凭着不可抗拒的热情不断地将产品推销出去。总之，销售人员只有用热情感染客户，销售事业才会犹如神助。无论是国际品牌的推广还是做小买卖的摊贩，热情都能创造交易。因为感性诉求永远能打动买主的心！

销售人员小钟听说某软件公司的陆总准备为公司采购一批办公用品，于是在老客户的引荐下，小钟来到了陆总的办公室。

见小钟到来，陆总面无表情，只是轻声对小钟说了声"坐"，然后又低头处理自己的工作了。

小钟没有坐下，而是先将自己的名片递到了陆总的办公桌上，然后轻轻地坐到了座位上。

小钟原本以为客户会很热情地招待他，但让他没想到的是，一进来就被冷了场，而且陆总表现出的冷酷让他有些紧张，心想这单生意看来没戏了。

过了一会儿，陆总放下了手中的工作，抬头看了看小钟。小钟此时才淡淡地微笑了一下，说："陆总，我听张老师说您这里需要采购一批办公用品，并且他告诉我今天10点过来。"

陆总听着他的话，又低下头忙手中的工作，几分钟后说："你是哪个公司的，公司在什么地方？"小钟很小心地说出了公司及地址，随后他没等陆总再问，就简单介绍了公司的产品，然后将一份早已经准备好的资料递给了陆总。

陆总将资料拿在手中仔细看了一会儿，突然说："喝水吗？"小钟很礼貌地谢绝了，而陆总也没有再提。

小钟见陆总这种冷冰冰的态度，都不知道该怎么办好了，他甚至想直接对陆总说句"再见"就回去了，但是他一想到陆总确实需要进购办公用品，就又给自己鼓气："不能退，如果这次退却了，那就白白丢了一单生意。既然他像一块冰，那就让我用火一般的热情来征服他吧。"

想到这里，小钟又详细介绍了一番公司的产品在同类产品中的位置与口碑，后来陆总让小钟先回去，自己再考虑考虑。在接下来的一个星期里，小钟又打了一次电话给陆总，并向他提供了一些新信息，并且还承诺，陆总可以亲自到他们公司参观考察，如果对产品不满意可以换其他厂家的。

不久后，小钟再次来到了陆总的办公室，而这次他是来接陆总去公司考察的。而在考察公司的过程中，小钟发现陆总就像变了个人，根本不像一座冰山，而是一位很健谈的演说家！当然，最终小钟成功地将办公用品推销给了陆总。

一个销售员成功的因素很多，而居于这些因素之首的就是热情。没有热情，不论你有什么能力，都发挥不出来，根本就不会成功。成功是与热情紧紧联系在一起的，要想成功，就要让自己永远沐浴在热情的光影里。

热情是销售成功的一个重要因素，统计表明，热情在销售工作中所占的分量很重。有的情况下，热情的作用甚至超出了销售员对产品知识的了解和掌握，但遗憾的是，很多销售员在销售的过程中并没有表现出足够的热情。可以说，经验和热情很少同时存在同一个人身上，这就证实了这种说法：“熟而轻之”。长久的从事某一行业，可给你带来丰富的经验，但同时也可能磨灭你的热情，使你变得越来越机械。你必须想办法加以克服，使自己的热情之火永不熄灭。

用优美的声音吸引你的客户

人首先留给他人印象的是他的衣着打扮，第二就是他的声音。声音在塑造人的形象方面具有非常重要的作用，尤其当两个人通过电话交流的时候，声音就是唯一能够代表人形象的东西。好听、悦耳的声音让人感到愉悦、开心，会乐于与说话者进一步交谈。所以好的声音可以为人加分，提升受欢迎的程度。

心理学家认为，声音决定了人类38%的第一印象，而音质、音调、语速变化和表达能力则占有说话可信度的85%。说话是一种有声语言的表达，因此，说话声音的质量显得尤为重要。

希腊哲学家苏格拉底说："请开口说话，我才能看清你。"通常，我们每天都会通过声音来判断客户或者对方是一个什么样的人，会通过声音来判断客户的年龄、性格、喜好以及客户喜欢的表达方式。对客户来说也是一样，他们也通过声音来判断一个销售员。声音不光是表达内容的途径，同样也是判断对方的途径。

一个人的动听声音应该是饱满而充满活力的。既能充分传递自己的感情，又能调动他人的情绪。音质宽厚醇美、语调抑扬顿挫，可以放射出独特的魅力，美化你的形象，保持人们对你的积极的注意力，并且提高交流的效果。

小玲是一名电话销售员，每天通过电话和客户联络。由于小玲声音甜美，沟通技巧又好，所以业绩一直很突出，还有很多客户主动要求到公司拜访，见一见这个几句话就可以把自己说得连连称好的王牌业务员。

一个人的声音，是有神而无形的文字，是一份比外貌更能持久迷人的魅力。美妙的声音可以穿越心灵，让你在销售中占据主动权。

天生的好声音，可以为人加分，增加受欢迎的程度。但是，先天条件有所欠缺的人，一样可以通过声音训练让自己受到他人的欢迎。很多播音员、歌唱家的声音都是训练出来的。东方的著名女性靳羽西在刚开始当电视主持人的时候，也是通过练习，逐渐地掌握了说话的技巧而成名的。我们不需要像专业主持人那样，达到纯正、专业的普通话标准，但是需要在发声上多注意。要注意控制气息、音色、音量，言谈中要口齿流利，就能塑造出良好的销售形象。所以，如果你要想自己的声音充满魅力，需要注意以下几点。

1.说话的快慢运用得当。在跟顾客交谈的时候，一定要把握好自己的语速，说话速度不要太快或太慢，应追求一种有快有慢的节奏感。在主要的词句上放慢速度以示强调，在一般的内容上稍微加快变化。无变化的声音是单调的，如同催眠曲，令人进入精神抑制状态。那么什么样的语速才是最佳的呢？一般将语速维持在120字/分钟到140字/分钟之间，最好能根据顾客的语速及时调整自己的语速，这样才能跟顾客保持同频。

2.注意控制说话的音量。我们每个人说话的声音大小有其范围，声音过大，会让客户感觉你是一个无礼的人、鲁莽的人。声音过小，往往会影响交流，而且还会让顾客觉得你很不自信，想必产品也好不到哪去。所以，应该找到一种大小最为合适的声音来和客户交谈。说话的音量也应随着内容和情绪的变换而变换。

3.注意控制说话的音调。说话时，音调的高低也要妥善安排，借此引起对方的注意与兴趣。任何一次的谈话，抑扬顿挫，速度的变化与音调的高低，必须像一支交响乐团一样，搭配得宜，才能成功地演奏出和谐动人的乐章。

4.注意说话的流畅。在跟顾客交谈的时候，说话一定要流畅，如果你的朋友在电话中跟你讲话，吞吞吐吐的“嗯、啊……”想必你肯定也不舒服。如果换成是自己吞吞吐吐，那么顾客接你的电话也是一样的感受，不愿意花时间跟你聊天。因此保持说话的流畅性可以增强声音感染力。

5.注意发音的准确性。正确而恰当的发音，将有助于你准确地表达自己的思想，与人进行良好的沟通与交流。如果你说话发音错误并且含糊不清，这表明你思路紊乱、观点不清，或对某一话题态度冷淡，这会使人感到极不自然，从而产生一种本能的抵制情绪。

用肢体语言打动客户

在使用口头语言和客户进行沟通的同时，销售人员还应该配合一定的肢体语言来对客户进行恰当的暗示，实施动作暗示的主要工具和外在表现，就是肢体语言。

所谓肢体语言又称身体语言，是指通过身体各部分能为人所见的活动来进行表达和交流，也可称之为体态语言或无声语言。它主要包括手势、眼神、动作及姿态等，是有声语言的重要辅助手段和补充，通过肢体语言的运用及其有声语言的有机结合，能达到“眉来眼去传情意，举手投足皆语言”的境地。

话语的主要作用是传递信息，而肢体语言则通常被用来进行人与人之间思想的沟通和谈判。在某些情况下肢体语言甚至可以取代话语的位置，发挥传递信息的功效。一个有趣的实验发现：一个人要向外界传达完整的信息，他的语言成分只占

17%，声调占38%，而剩下55%的信息却要通过肢体语言来传达。也就是说，任何与社会交往有关的事物都可能出现两种现象：第一，55%的交流是非语言性的。第二，非语言性所表达的影响力要比语言表达性强5倍左右。心理学家认为，一个人外部表现出来的某种姿态是其内心状态的外在展示，它依据这个人的情绪、感觉与兴趣而定。甚至有时候，一个从内心所发出来的姿态，要比成百上千句话更有分量。所以，一个优秀的销售员不能光会靠嘴说，而且也要学会运用肢体语言，帮自己更好地与客户沟通。

肢体语言在与客户沟通中起着非常重要的作用。一方面，你可以通过肢体语言来传达口头语言很难传达的信息；另一方面，客户会通过你的肢体语言，很直接地来感知你的情绪、信心和可靠度，并由此决定是否该信任你、喜欢你，然后决定是否购买你的产品。

相对口头语言来说，肢体语言更加简单有效。因为它的直观性，能够更有效地吸引客户的眼球，获得客户的注意，并加深他们对你的好感。

很多销售人员都知道肢体语言的重要性，但却不懂得去学习这种技巧。因为他们认为，这种技巧很难掌握。其实，肢体语言并不难学习，至少比盲人的手语要容易得多。

简单来说，肢体语言可以分成四大部分：

1. 眼睛。眼睛是心灵的窗户，反映着人的喜怒哀乐，它能向客户传达很多信息。但凡是优秀的销售人员，都希望与客户保持目光接触。特别是当客户犹豫不决时，目光接触越多越好。

有的销售人员在面对客户时，不敢看对方的眼睛，就是看着对方眼神也是飘移的。这让老练的客户一眼就能看出你的不自信，就是因为看到了你的弱点，才会不停地讲条件，本可以马上签下的订单，却迟迟没有结果。正确的肢体语言应该是面带微笑，眼睛炯炯地、柔和地看着对方的眼睛，不卑不亢，让对方感觉到你的自信和平和，感觉到你的诚实和勇气。

2. 手势。每个人在谈话的过程中都会有不同的手势，只是有的手势是有助于表达的，有的则会令人讨厌。比如，张开手掌这个手势会给客户诚实的感觉，可以提高你的可信度，增加你的交际能力。在谈业务时，最好不要出现用手指点指对方的手势，这样会让对方非常反感，也不要讲话时挥舞拳头，这些手势都是不礼貌的。

3. 面部表情。微笑是用来创造良好形象的最有效的肢体语言。因此，在与客户交流时，销售人员的脸上一定要始终洋溢着微笑，千万不要流露出不耐烦，否则，很容易得罪客户。此外，销售人员还要注意微笑不是那种程式化的、机械化的微笑，而是要做到自然而然，发自肺腑，这样的微笑才能打动人心。

4. 身体位置。销售人员与客户的角度与距离，都要表现出热情和尊重。刚开始，销售人员可能需要站着和客户交流。可有的销售人员站着不断地摇晃肩膀，不断地倒换双脚，这些动作很不礼貌，也会让客户感到你不耐烦，想尽快结束谈话。正确的做法是：像军人似的稍息的动作，一脚稍微在前，另一脚靠后支撑重心。一定要稳重，不要摇头晃脑。当坐下来谈业务时，要做到后背坐直，身体前倾，这样才能充分展现出你的热情、职业素养和对客户的重视。

第三章　瞄准心理弱点，抓住客户软肋进行推销

不同性别的客户要区分对待

男性和女性的消费心理差异很大，销售人员必须在了解两者心理特征的基础上，对他们进行不同方式的推销。

潘杰是销售部的风云人物，几乎每个月的销售桂冠都被他摘走了。这一天公司聚会，大家伙都忙着向潘杰取经。

王力：“潘哥，快给小弟介绍介绍经验吧，我都快愁死了，这个月业绩再上不去，我可就得滚蛋了。”潘杰笑了笑说：“这个技巧可多了，我先教你一个很实用的，就是……嘿嘿，‘男女有别’，你听我给你说啊。”

潘杰喝了一口酒接着说道：“男性客户多注重商品的质量和实用性，不太看重商品外观是否花哨，追求简单明快的风格，注重商品的使用效果及整体质量，不太关注商品细节。而且男性客户多具有强烈的好胜心理，购物时十分注重商品的档次和品位，而不关心价值问题，不愿讨价还价。所以根据男性客户普遍具有的这一心理特征，在向他们介绍商品时，你要特别强调商品的层次价值，让他有面子。”

“那女性客户呢？”王力迫不及待地问。

“女性购买动机具有较强的主动性和灵活性。动机的灵活性也时常体现在购买具体商品上。如原打算购买某种商品，但商店无货，这时男性客户往往放弃购买，而女性客户会寻找其他适合的替代品，完成购买。如看到某种商品能够使儿童聪明活泼，马上会联想到自己的孩子要是这样会多么可爱，从而引起积极的心理活动，产生喜欢、偏爱等感情，促发购买动机。所以对于女性客户，要学会去控制她的情绪，指引她跟着你走。”

……

王力若有所思地点点头。

可见，男性与女性在购买心理和购买行为上存在着极大的差异，所以应该对不同性别的客户，采取不同的推销策略，展现不同的推销口才，这样才能提高销售工作的针对性与成功率，千万不要小瞧这种细微性的差别。

一、女性客户的消费特点

1.追求时尚。俗话说“爱美之心，人皆有之”，对于女性消费者来说，就更是如此。不论是青年女子，还是中老年女性，她们都愿意将自己打扮得美丽一些，充分展现自己的女性魅力。尽管不同年龄层次的女性具有不同的消费心理，但是她们在购买某种商品时，首先想到的都是这种商品能否展现自己的美，能否增加自己的形象美，使自己显得更加年轻和富有魅力。例如，她们往往喜欢造型别致新颖、包装华丽、气味芬芳的商品。

2.具有浓厚的感情色彩。女性心理特征之一是感情丰富、细腻，心境变化剧烈，富于幻想、联想，因此购买动机带有强烈的感情色彩。

3.购买动机易受外界因素影响，波动性较大。女性购买动机的起伏波动较大。这是因为女性心理活动易受各种外界因素的影响。如商品广告宣传、购买现场的状况、营业员的服务、其他消费者的意见等。许多商店为了招徕客户，用醒目大字标明“减价商品”“促销商品”“出口转内销”等，这些往往对女性具有特别大的吸引力。

4.喜欢炫耀，自尊心强。对于许多女性消费者来说，之所以购买商品，除了满足基本需要之外，还有可能是为了显示自己的社会地位，向别人炫耀自己的与众不同。在这种心理的驱使下，她们会追求高档产品，而不注重商品的实用性，只要能显示自己的身份和地位，她们就会乐意购买。比如，一位年轻的姑娘非常崇拜香港某影星，她对该影星的崇拜已达到了一种痴迷的程度。只要是该影星代言的广告产品她都会第一时间去抢购。此外，像一些大腕明星的发型、服饰也都是许多年轻人争相效仿的对象。作为营业员，在我们销售的一些产品中，也可以利用这种购物心理。但一定要记住向买主提出这些东西是时下人们所崇拜的明星爱用的。只有这样，买主的自尊心才会膨胀，并希望去效仿他们。同理，你也会收到满意的效果。

二、男性客户的消费特点

1. 比较自信、决策迅速。男性善于控制自己的情绪，处理问题时能够冷静地权衡各种利弊，从大局着想。具有较强的独立性和自尊心的特点直接影响他们在购买过程中的心理活动。因此，他们动机形成果断迅速，并能立即导致购买行为，即使是处在比较复杂的情况下，也能够果断处理，迅速作出决策。

2. 动机不强，时常被动行事。就普遍意义讲，男性客户购买活动远远不如女性频繁，购买动机也不如女性强烈，比较被动。在许多情况下，购买动机的形成往往是由于外界因素的作用，如家里人的嘱咐，同事、朋友的委托，工作的需要等，动机的主动性、灵活性都比较差。

3. 理智多于感情。男性客户在购买活动中心境变化不如女性强烈，不喜欢联想、幻想，感情色彩比较淡薄。所以，当动机形成后，稳定性较好，其购买行为也比较有规律。男性客户在购买某些商品上与女性的明显区别就是决策过程不易受感情支配，如购买汽车，男性主要考虑商品的性能、质量、品牌、使用效果、价值和保修期限。如果上述条件符合他的要求，就会作出购买决策。另外，男性客户认为男性的特征是粗犷有力，因此，推销人员在面对男性客户时，要抓住他们对具有明显男性特征的商品感兴趣的心理特征，选择如烟、酒、个人装饰品等男性标志商品进行介绍，以便顺利打开局面，与他们成为朋友，为日后的产品介绍推广奠定基础。

4. 看重简单、实用。男性客户多注重商品的质量和实用性。男性客户购买商品多为理性购买，以能否满足自己的需要为主，不太看重产品的外形是否花哨，追求简单明快的风格。注重商品的使用效果及整体质量，而不太关注产品细节。

5. 注重产品档次。男性客户多具有强烈的自尊心和好胜心，购物时十分注重产品的档次和品位，而不关心价值问题。因为男性客户本身所具有的攻击性和成就欲较强，所以男性客户购物时喜欢选购高档气派的产品，而且不愿讨价还价，忌讳别人说自己小气或所购的产品“不上档次”。根据男性客户普遍具有的这一心理特征，在向他们介绍商品时，销售人员要特别强调商品的档次价值。

事实表明，男性与女性在沟通目的、价值观基础、处理冲突的方式和解决压力的方式等各方面的心理是不同的，这就要求销售人员在服务客户时，应根据性别的不同来决定应该采取何种沟通内容和沟通方式比较合适。

犹豫型客户：抓住主动权

在与客户沟通时，我们会发现一些客户表现出一副犹豫的样子，情绪时好时坏，销售员已经把产品以及服务等各方面的信息介绍得很全面，对方也没有表示出多大的异议，可就是在签单的时间问题上一再拖延，总爱说“我再考虑考虑”“我再问问别人”“我回去再想一下”等，就是不能下定决心。这样的客户，我们称之为犹豫不决型客户。

犹豫不决型的客户，通常有购买意向，但却总是不能下定决心购买产品。此时，销售员最主要的是要抓住主动权，让客户的思路跟随你的思路走，帮对方缩小选择范围，从而增大其购买的可能性。

下面我们看一个汽车销售的例子。

王先生：我也不知道该买哪个。

销售人员：王先生，是这样的。您看刚才您谈到所要购买的车应该是发动机功率为68千瓦、扭矩在110牛·米、最高时速必须达到150公里/小时以上，配置有电动后视镜、中控门锁、电动玻璃、6碟CD、真皮座椅。如果要在这些条件中进行选择的话，您认为哪个条件是必须满足的。

王先生：我认为都重要，都要满足。

销售人员：我理解您的要求，只是在投资额已经确定的情况下，要完全满足所有的条件有一定的难度，您认为哪一点最重要？

王先生：发动机必须符合条件。

销售人员：羚羊OK款装备了日本铃木公司最先进的G系列1.3升四缸16气阀、直列水冷四冲程、多点顺序电子燃油喷射的全铝发动机，功率高达85马力，可与众多1.6升轿车媲美。最高时速170公里/小时；0—100公里加速时间小于15秒；在60公里的匀速状态下，百公里油耗仅4.8升，是国内目前最省油的车之一。而且外形也很适合您的气质。

王先生：那16气门的发动机与12气门的发动机哪个更好呢？

销售人员：其实都可以，而且该车除了您所关注的发动机性能卓越外，与其他的车不同的是该车还配有车载冰箱，能够让您的驾乘更富有乐趣。该冰箱是进口原装的产品，性能非常的卓越。如果您买其他的车再去配这样的冰箱的话，将要花费数千元。

王先生：真的嘛，那太好了。

销售人员：那您是要黑色呢还是银色呢？

王先生：黑色吧。

销售人员：好的！

当客户面对很多选择，而又不知道该如何选择的时候往往会变得焦躁。如果这时销售人员不帮其缩小选择范围的话，客户很可能会为了摆脱这种不舒服的心态而放弃购买产品。例子中的销售人员正是因为适时的帮客户作出选择，所以才促成了这笔交易。

1. 根据客户需求帮其选择。当客户对多个产品都很感兴趣但是又不想全买的时候，势必需要销售人员来帮他做选择。销售人员首先要通过与客户沟通了解对方的需求，然后再通过自己的专业知识，站在顾客的角度帮顾客选择出比较适合的产品。这样做不但能帮客户解决抉择的困难，同时也会在一定程度上达到“催单”的效果。

王华是一家服装加工厂的业务员。一天，他打电话给一家电子厂的老总，销售他的一批男性职业套装。

“我认为这些款式一定会受到男性员工的欢迎。”

“色彩如何？”

“我觉得和贵公司踏实的企业精神颇为符合。”

“是吗？”

“我觉得您不用再考虑了，您只需要在这批服装上印上贵厂的商标和名称就可以使用了。”

“唔……”

“您看，我们共有两款设计。站在商业原则的立场上，我建议您选择A款，您觉得呢？”

“但是我觉得B款也不错……”

“B款确实也不错，但是稍微花哨了点。我还是建议您选择A款。”

“就决定A款吧！价格优惠，质料又不错。您说呢？”

“说的也是。好吧，那就拿A款吧。”

“谢谢，您的选择肯定不会错的。”

上述例子中，王华只给客户提供了A款与B款服装，但当他发现这位客户还是犹豫不决型客户时，就立即给他A款这一唯一选择的建议，这样一来才促使客户下决心购买。

2. 二选一法。对于那些对产品有兴趣，可是迟迟不做决定的客户，你不妨使用二选一的方法来帮他一把。比如说，直接问他："你是要黑色的呢还是要灰色的呢？""你是定300件还是500件？"等等。这种方法表面上是把成交主动权让给了客户，实际上则只是把成交的选择权交给了客户。不管客户选择哪种答案，其结果都是成交。

顽固型客户：不要以硬碰硬

对销售人员来说，最怕遇到、最难打交道的就是那些顽固型的客户。这种人自以为是，很难改变自己固有的观念。当你和他的意见相左，试图劝说他时，他甚至会把你当敌人来看待。他们对新产品往往不乐意接受，不愿意轻易改变原有的消费模式与结构。

我们先看看下面两个事例：

例1：业务员和顾客在讨论产品的价格。

业务员："这是最低价格。"

顾客："不可能，你再算一遍，不可能有这么高的价。"

业务员："我已请示经理了，我们的价不能再降了……"

顾客："不行，你再请示一次，或者把你们的经理找来，我要让他把价降下来。”

例2：保险业务员在和顾客讨论保险的必要性。

业务员：“我们现在的生活是需要一些保障的。”

顾客：“我都活了那么多年了，没买保险不一样过来了吗？”

……

顾客：“你不就是想让我买保险吗？我不需要它，不用多讲了！”

看过以上两个例子，我们可以感觉到这种顾客确实难对付，因为这种顾客特别要面子，不管有理无理也不愿退半步，尤其是有其他人在场的时候，他们更显得固执。要说服这样的人，必须要讲逻辑，让对方挑不出毛病，最终不得不同意你的观点。

意大利物理学家伽利略年轻时立志从事科学研究，可他的父亲坚决反对。伽利略希望得到父亲的支持和帮助，却屡次遭到拒绝。伽利略知道父亲是个相当固执的人，为了说服父亲，他想到一个非常高明的办法。

有一次，他对父亲说：“父亲，我想问您一件事，是什么促成了您同母亲的婚事？”

父亲回答说：“因为你的母亲十分吸引我。”

伽利略又问：“那在此之前，您有没有娶过别的女人？”

“没有，孩子。”父亲说，“家人曾经给我介绍过一位富有的女士，可是我只对你母亲情有独钟。”

伽利略说：“您说得一点也没错，您不曾娶过别的女人，因为您爱的是母亲，可是您知道吗？我现在也面临同样的处境！除了科学以外，我不可能选择别的职业，因为我喜爱的正是科学！其他事物对我而言，都毫无用途与吸引力！难道我要去追求财富或是荣誉？科学是我唯一的需要，我对它的爱，就如同对一位美貌女子的倾慕。”

父亲说：“像倾慕女子那样？你怎么会这样说呢？”

伽利略说：“一点也没错！亲爱的父亲，我已经18岁了！别的学生，哪怕是最穷的学生都会想到自己的婚事。可是，我却从没想过。因为别人都想寻求一位标致的姑娘作为终身伴侣，我却只愿与科学为伴。”

父亲不说话了，只是默默地听着。

伽利略继续说：“亲爱的父亲，为什么您不能帮助我实现自己的愿望呢？我一定会成为一位杰出的学者，并能获得教授身份。如此，我便能以科学为生，而且比别人生活得更好。”

父亲为难地说：“……可是我没有钱供你上学。”

伽利略激动地说：“父亲，您听我说，很多穷学生都能领取奖学金，这些钱是宫廷公爵给的，我为什么不能去领一份奖学金呢？您在佛罗伦萨有许多朋友，交情也都不错，他们一定会尽力帮助您的。这样，您就能到宫廷去处理这件事了。”

父亲被说动了：“嗯，你说得有理，这是个好主意。”

伽利略抓住父亲的手，开心地说：“父亲，求您尽力而为。我向您表示感激之情的唯一方式，就是保证自己成为一个伟大的科学家！”

在这里，伽利略将科学事业比作终身伴侣，凭借一番在逻辑上无懈可击的言论说服了父亲，同时也实现了自己的理想，成为世界著名的科学家。

顽固的客户并非不能说服，而在于劝说他的人是否有足够的耐心和高明的策略。因此，当销售人员试图说服一个顽固的客户时，一定要仔细揣摩对方的心理，寻找他的弱点，有针对性地采用相应的说服策略，一定能取得意想不到的效果。

顽固型顾客主要有两个特点，销售人员可以针对这两个特点采取策略。

第一，坚持。这类顾客说出自己的看法后就丝毫不让步。作为销售人员，一定要非常自信，顽固的人逆反心理比较强，你说是这样，他偏不信，你说不是这样，他还是反对。你越想说服他，他越固执，他那顽固的心理会表露在言行中，因此很容易观察到。

第二，保守。这类顾客以前做过类似的事，而现在再做时，发现情况变了，他们寄希望于用以前的方法处理此事，从而表现出固执的行为。如去年冬天买了一件1000元的西服，今年冬天再去买同样的西服，发现标价涨了100元，此时他会坚持不付那么多钱。他对面子看得很重要，当他深信的一切被对方反驳时，他会显得不安，感到面子上过不去，变得更加固执："我以前就用1000元买过，没错！"

顽固型顾客对销售人员的态度多半不友好。销售人员不要试图在短时间内改变这类顾客，否则容易引起对方强烈的抵触情绪和逆反心理，还是用你手中的资料、数据来说服对方比较有把握一些。对这类顾客应该先发制人，不要给他表示拒绝的机会，因为对方一旦明确表态再让他改变就更难了。

虚荣型客户：赞美和奉承

某位保险推销员在和一位顾客进行沟通。

业务员："您每月的收入与其花在其他方面还不如留一部分来为自己买一份保险。"

顾客："是啊，我每月最大的支出就是衣服和化妆品，你看，这件刚买的上衣8000多元……"

显然，上例中的客户是一个虚荣心很强的人。这类人在与人交往时喜欢表现自己，突出自己，不喜欢听别人劝说，任性且嫉妒心较重。有很多时候，销售员可以从顾客的表情和语言来判断出这类顾客，他们在与销售员沟通时会着重显示他们的高贵，即便有时在吹牛。

对于这一类型的客户最好的方式就是用赞美和肯定的语言让对方有一种优越感，从而能够心情愉悦地购买产品。即使你早已看出他在吹牛，你也假装糊涂地附和一阵："您穿上它好漂亮啊！""它真适合您的气质呀！"甚至奉承他道："您真会买东西啊！"像这种"谎言"，说上几箩筐也没关系，既给人家以快乐，又锻炼自己口才，何乐而不为呢？

王丽是一名化妆品直销员。有一次，她上门去推销化妆品，女主人非常客气地拒绝了她："对不起，我现在没有钱，等我有钱了再买你的产品，你看可以吗？"

细心的王丽发现女主人的怀里抱着一条名贵的狗，既然能养得起这样名贵的狗，怎么会“没有钱购买”呢？王丽知道，这只是对方拒绝自己的一个托词而已。

于是，王丽微笑着说：“您这小狗真可爱，一看就知道是很名贵的狗。”

“没错呀！”

“那您一定在这个狗宝宝身上花了不少的钱和精力吧？”

“对呀，对呀。”女主人开始很高兴地为王丽介绍她为这条狗所花费的钱和精力。

王丽非常专心地听着女主人兴奋的介绍，在一个非常适当的时机，她插了话：“那是肯定的，能够为名贵的狗花费足够的钱和精力的人，一定不是普通阶层。就像这些化妆品，价钱比较贵，所以也不是一般人可以使用得上的，只有那些高收入、高档次的女士，才享用得起。”

女主人听后，很高兴地买下了一套化妆品。

虚荣型的客户一般自尊心很强，比较好面子，由于天性骄傲，因此在与之合作时，只要适当地赞美他们，满足其虚荣心，推销即可成功。

每个人都有虚荣心，而满足人虚荣心的最好方法就是让对方产生优越感。但是，并不是每个人都能功成名就，相反的，大部分人都过着平凡的生活，每天都承受着不同的压力，处处听命于人。虽说常态如此，但是绝大多数的人都想尝试一下优越于别人的滋味。因此，这些人会比较容易接受那些能满足其优越感的人。

人人都喜欢听别人赞美自己，如果赞美运用得合理，顾客心里肯定极为受用。越是自傲的人，越爱听别人夸自己，奉承这一招也就越有效。既然这类虚荣类型的客户喜欢被别人赞美，那我们就去“无微不至”地赞美：小到他的眼睛，大到他的为人。我们想做成生意，就要学会满足对方的虚荣心，多说赞美的话，让客户心情愉快。在这种友好和谐、愉悦轻松的谈话环境下，客户就会渐渐放松原先的戒备心态，对我们所讲的话题感兴趣，也愿意和我们交谈下去，一般情况下很容易成交。

一个顾客在一款地砖面前驻留了很久，导购走过去说：“您的眼光真好，这款地砖是我们公司的主打产品，也是上个月的销售冠军。”

接着，顾客问道：“多少钱一块啊？”导购说：“这款瓷砖，折后的价格是150一块。”“有点贵，还能便宜吗？”显然，顾客不满意产品的价格。于是，导购就转移话题，询问顾客在哪个小区居住。

得知顾客居住的小区后，导购又展开了心理攻势：“您居住的那个小区是市里很不错的楼盘，那里的绿化非常漂亮，而且室内的格局都非常不错，交通也很方便。买这么好的房子，我看就不用在乎多几个钱了吧？还有，我们最近正在你们的小区搞促销，这次能给您一个团购价的优惠”。听到这里，顾客来了精神：“那太好了，可是我现在还没拿到钥匙呢，不知道具体的室内面积怎么办呢？”导购说：“这个不用急，我们按规定达到20户以上才能享受优惠，今天加上您这一单才18户，还差2户。不过，您可以先交定金，我给您标上团购，等您面积出来了，再告诉我具体情况。”

就这样，导购出手漂亮，让顾客提前交了定金。一周之后，这个订单就轻松搞定了

每个人都有虚荣心，每个人都喜欢被赞美，尤其是虚荣型的顾客，对赞美的要求更高。赞美的话，别人听了舒服，自己的身份也不会因此受到损害，于人于己都有好处，何乐而不为呢?

人人都有虚荣心，但是赞美别人时要适度，若是太多，就容易让顾客产生不真实感，就会使顾客对你的人格有所怀疑，从而对你产生戒备心理，赞美就会变得适得其反。因此赞美时要把握分寸，这样才能让顾客满心欢喜，以此达到推销的目的。

保守型客户：不要急于求成

生活中，保守型的人不论做什么事情都比较有规律，讲究条理，不随便改变。而在消费观念上，保守型的客户则总是喜欢在同一家商店购买商品，认准一个牌子的东西一直用，对其他的商店或者品牌则没有太大的兴趣。他们往往被一些先入为主的观念所左右，而一旦形成固定的印象就很难改变。这样的客户是最难说服的，往往销售人员费了很大的气力，但最终的结果却并不一定很好。

保守型的客户更易接受物美价廉的商品，他们追求产品的优等质量，同时也希望价格比较合适，他们一般不会对太过高档的商品产生兴趣，接受新产品的过程也是比较缓慢的，他们需要对产品的质量以及其他多方面的因素进行综合考虑和检验。只有

当他们最终确认产品是实惠的、安全的才会选购该产品。所以销售人员在面对这样的客户的时候，必须要拿出足够的耐心，急于求成只会让客户产生怀疑，使其本身所固守的心理防线更加难于攻破。

小王是一个负责推销某品牌洗衣机的销售人员。一日，他来到一个客户的家里做推销，接待他的是一位带着明显警惕表情的中年妇女。

小王一边和客户谈着，一边观察客户家里的家具陈设。他发现客户家中的摆设整齐而大方，虽然有些家具牌子已经比较老了，但是很明显质量还是非常不错的，整个房间有着一种强烈的古朴味道，而且家电陈设方面基本上都是同一个品牌。此外，结合这个中年妇女的言谈，小王基本可以断定女主人是一个生活作风颇为保守的人，她对于产品的要求更加注重质量，其消费观念虽然不是很时尚、前卫，但是却也是比较注重生活品质的，消费水平属于中上等。

在获得了这些比较直观的印象之后，小王心中便有底了。他首先找了个话题，谈及了女主人家的家电，说女主人有眼光，选的产品质量好，价格又适中，而且也很符合家庭布局的格调。无疑女主人听了十分开心，在言谈中还透露出一些自豪感，她说当时全部家电都是由她来负责选购的，而且丈夫也很满意，不仅质量好，还省下了一大笔钱。小王于是乘机夸赞女主人能干，有主见，并且顺便把谈话的主题转移到了自己所推销的洗衣机上，说女主人忙家务一定很累，而自己推销的洗衣机则可以给她带来很多方便，保证她的丈夫也会喜欢。接着他自然而然地把自己推销的洗衣机的性能、价位、售后服务等信息详细地向女主人做了说明。当女主人通过对比发现这款洗衣机确实适合自己时，便对产品产生了浓厚的兴趣。小王还不失时机地对女主人说，他所推销的洗衣机质量的确很好，而且还可以首先试用一周，这样又给客户吃了一颗定心丸。

后来女主人试用以后感觉非常满意，甚至很干脆地购买了两台洗衣机，一台自己用，一台送给了婆婆使用。

保守型的客户总会对自己之前使用的产品情有独钟，要想让他们接受一些新的产品是比较困难的事情，但是毕竟他们还是喜欢更加安全、更加实用、更加优质的产品的，所以这是一个很好的突破口。销售人员要让客户在实际的对比中，发现新产品有更好的性能，这样就会慢慢地改变客户的观念，让他接受你的商品。对于销售人员而言，只要能够给这类客户澄清其中的利害关系，并且能够提供物美价廉的商品，还是可以很轻易地打动保守型客户的心的。

第四章 察言观色，破译客户的心理密码

透过眼睛读懂客户的内心

德国著名心理学家梅赛因曾说，眼睛是了解一个人的最好工具，这种通过眼神、目光深入他人内心的能力是人类独有的。当我们的眼睛看一些东西的时候，通常会表现出各种眼神表情，眼球的运动模式及角度将会透露出一些个人信息，告诉旁观者他的内心情绪变化。也就是说，不管一个人的心里正在打什么主意，他的眼睛都会立刻忠实地告诉别人。

在销售活动中，从客户的眼神中，我们可以看出客户的心理，并随机应变，化解客户的怀疑和抵制，换取客户的真诚相待。

王莉初入职场，找到了一份推销空调的工作。经过培训之后，工作的第一天经理就交给她一位周姓客户，要她去拜访这位客户。王莉来到这位客户的家里，经过一阵的寒暄之后，王莉开始转入正题。

“北京的气温在夏天的时候还是挺高的，你的房子又大，挺需要一台空调。”

“是啊，北京夏天的天气确实是有点高，特别是最近几年，夏天的天气越来越高了。”

“我们公司生产的空调绝对货真价实，并且最近也在搞优惠活动，可以为你省一笔很大的钱。”

“是吗？”这位客户直直地用眼睛看着王莉，眼睛一直都没有离开王莉的脸，看起来很认真的样子。

王莉以为这位客户被她的话打动了，于是说话更起劲了。

“我们公司的空调相对于其他公司的产品来说，在省电方面更胜一筹，这样一来，一年就能为你省一大笔钱，而我们公司的这种空调性价比也挺高的，一台空调用个好几年不成问题。”看着客户没有异议，王莉顿了顿，“我们的空调噪音也很低，在30分贝左右，所以绝对不会影响您的工作和休息。”

……

经过一段长时间的谈话之后，王莉拿出订单让客户在上面签字，但是客户却说：“让我考虑考虑吧，我过两天给你回信。”

两天之后，这位客户也没有给王莉回信，就这样，这次销售就泡汤了。

王莉不知道，其实客户在用眼睛直直地看着她的时候，就已经表明了客户对她的产品的态度，只是她没有发现，所以她这次推销才没有成功。

因此，成功的销售员一定要善于观察，学会关注客户的眼睛，读懂客户眼睛里所表达的意思，从而调整自己的销售策略。

销售就是一种人与人之间的交流，两个人在交流的时候注视着对方的眼睛是对别人尊敬的表现，同时也能从对方的眼睛中读懂一些东西，这些东西也许是话语没有表达出来的，因此在销售过程中你就要学会关注客户的眼睛，读懂客户眼睛里所表达的意思。

如果客户的眼神横射，仿佛有刺，便可明白他异常冷淡，如果销售员想推销产品，暂且不必向他推销，应该从速借机退出，即使多逗留一会儿也是不适的，退而研究他对你冷淡的原因，再谋求恢复推销的途径。

如果客户的眼神四散，神不守舍，便可明白他对于你的话已经感到厌倦，再说下去必无效果，你必须赶紧告一段落，或乘机告退，或者寻找新话题，谈谈他愿意听的事。

如果客户的眼神恬静，面有笑意，便可明白他对于某事非常满意。你要讨他的欢喜，不妨多说几句恭维话，此时销售人员若提出成交的请求，这也是个好机会，相信一定比平时更容易满足你的希望。

如果客户的眼神上扬，便可明白他是不屑听你的话，无论你的产品如何好，你的说法如何巧妙，也不会有什么结果，不如戛然而止，退而求接近之道。

如果客户的眼神凝定，便可明白他认为你的话有一听的必要，应该照你预定的推销计划，婉转陈说，只要你的见解不差，你的产品可行，他必然是乐于接受的。

如果客户的眼神似在发火，便可明白他此刻是怒火中烧，意气极盛，如果不打算与他决裂，应该表示可以妥协，速谋转机。否则，再逼紧一步，势必引起正面的剧烈冲突了。

总而言之，看客户的眼色行事，重视客户的感觉和反应，从中获得关于客户内心情感的准确信息，从而把握客户的心理，这样才能够有针对性地去应对各种状况，克服不利因素的影响，获得客户的信任和喜欢，让订单能够顺利签订。

口头禅透露出客户的性格

口头禅是人们在面对意外，或为突出当时的情绪所说出的话语，简洁明快，所以几乎所有的人都有口头禅。通常一个人有一个口头禅，但也有的人有好几个。这些语言习惯最能体现说话人的真实心理和个性特点，所以只要留心，就可以从一个人的“口头禅”中窥见一个人的内心世界。这就是俗话说“闻其言可知其人”的道理。在销售活动中，销售人员可以从客户说话时所使用的词语来判断他的心理状态。

刘娜是一家化妆品公司的销售员。一次，店里来了一位中年妇女，看样子有三十来岁。她对刘娜说想要一种护肤品，因为冬天天气比较干燥，所以最好是保湿效果好的。于是，刘娜给她介绍了今年新上市的一种套装，包括洁面乳、营养水、润肤霜和补水面膜，价格是598元。详细介绍了这套化妆品的主要功用之后，刘娜询问中年妇女的意见。妇女笑着说：“还可以吧！”其实，刘娜已经注意到在她们交谈的过程中，她已经说了几次“还可以吧”。因此，刘娜断定，她是一个比较随和的人，但是自信心不强，需要别人来肯定。而且她不会过多暴露自己的想法，即使她内心对这种产品不太满意，她也不会挂在嘴边。

不过，刘娜发现，她一直在仔细看这套产品的说明书和价格标签。刘娜认为，可能是价格方面的原因，努力争取一下，应该可以成交。于是，刘娜说：“这套化妆品是公司为了促销，特意推出的一种实惠套装。你可以发现，这几件产品单卖时，价格都在一百元以上，所以价格方面是非常实惠的。而且它的保湿效果非常好，如果这几款能够一起使用，效果会更明显。此外，它也特别适合您这一类型的中性皮肤。我发现，您皮肤非常好，平时肯定特别注重皮肤保养，遇到一套价格实惠、效果又好的化妆品，您还用犹豫吗？”

经过刘娜的一番劝说，那位女士很高兴地买走了一套化妆品。而且临走时还说要介绍朋友过来购买。

可以看出，这次的销售之所以能够成功达成，主要是因为销售员刘娜成功地从客户的口头禅中透析出了客户的心理。然后对症下药，让客户满意而归。

口头禅是由于长期、高频使用而形成的，具有鲜明的个人特色，是一个人内在性格的口头体现。所以，在销售过程中多从口头语考察和了解客户，有助于销售人员准确把握客户的心性，做到知己知彼。

那么，客户常见的口头语有哪些呢？它们分别代表了当事人怎样的心境呢？下面我们就进行归纳和总结。

1. 经常使用“我个人的想法是……”，“是不是……”，“能不能……”之类词汇的客户。这类客户较和蔼亲切，能做到客观理智，冷静地思考，认真地分析，然后作出正确的判断和决定。面对这类客户，你也要表现出这种淡定，让对方感受到你的可亲可敬。

2. 经常使用“我要……”，“我想……”，“我不知道……”的客户。这类客户一般思想比较单纯，爱意气用事，情绪不是特别稳定，有点让人捉摸不定。对此，销售人员要学会引导、感染对方的情绪，营造有利于达成合作的氛围。

3. 经常使用流行词汇的客户。这类客户热衷于随大流，喜欢浮夸，缺少个人主见和独立性。在销售中，你可以使用一些流行、前沿的概念，让他们感受到你见多识广、专业性的一面。

4. 经常使用“其实”的客户。这类客户自我表现欲望强烈，希望能引起别人的注意。销售人员可以对这类客户多几句赞美，让他们感受到你的热情。

5. 经常使用“最后怎么样怎么样”之类词汇的客户。这类客户大多是潜在欲望未能得到满足。销售人员可以进一步问问客户还有什么希望与要求，如果这次没有实现，那么可以在下次合作中完成。这样能把客户拴牢。

6. 经常使用“我……”之类词汇的客户。这类客户经常寻找各种机会强调自己，以引起他人的注意。在沟通中，销售人员要给他们机会发表个人意见，并仔细倾听，让他们有被重视的感觉。

7. 经常使用“确实如此”的客户。这类客户大多浅薄无知，自己却浑然不觉，还常常自以为是。对待这类客户，你要表现出自己专业、博学的一面，展开销售攻势，再滔滔不绝地说服中拿下订单。

8. 经常使用“绝对”这个词语的客户。通常，这类客户性格武断，他们不是太缺乏自知之明，就是自知之明太强烈了。面对这类客户，你要让他们说出自己的条件、要求，而后再表明自己的立场。

9. 经常使用“这个……”，“那个……”，“啊……”的客户。这类客户说话办事都比较小心谨慎，一般情况下不会招惹是非，是个好好先生。在沟通中，跟这类客户交谈一定要使用模糊的词语，并且不要逼他们表态。

10. 经常连续使用“果然”的客户。这类客户多自以为是，强调个人主张，以自我为中心的倾向比较强烈。与这类客户接触，要照顾到他们的感受，给他们应有的主动权和尊重。

11. 经常使用“真的”之类强调词汇的客户。这类客户多缺乏自信，唯恐自己所言之事的可信度不高。在销售中，销售员要用眼神看着对方，听他们讲话，并且要不时地点头，表达出你信任的姿态。

12. 经常使用“你应该……”，“你不能……”，“你必须……”等命令式词语的客户。这类客户多专制、固执、骄横，但对自己却充满了自信，有强烈的领导欲望。销售员不妨让他们先发表高见，从而在倾听中掌握他们的诉求、底线。然后再采取进攻，达成合作。

13. 经常使用地方方言，并且还底气十足、理直气壮的客户。这类客户自信心很强，有属于自己的独特个性。对这类客户，销售员不能采取直接的进攻方式，绕个圈子说话办事，他们可能更受用。

14. 经常使用外来语言和外语的客户。这类客户一般虚荣心强，爱卖弄和夸耀自己。对于这类客户，销售员可以用富有诱惑力的价格以及其他优惠条件，来吸引他们合作。

15. 经常使用“我早就知道了”的客户。这类客户有表现自己的强烈欲望，只能自己是主角，自己发挥。那么，你就甘当配角吧，只要能够实现合作，屈就一下自己又何妨。

总之，销售人员若想通过口头禅更好地观察、了解和判断客户的性格如何，需要在销售活动中仔细、认真地揣摩、分析，这样，才会收到良好的效果。

察言观色，看清客户的态度

俗话说："出门看天色，进门看脸色。"所谓察言观色，意思是说一个人要经常观察他人的言语脸色，揣摩他人的意图，做到有的放矢。在销售的过程中，如果你的观察能力强，能够很好地察言观色，就可以做到知己知彼，促进销售。

察言观色是了解他人的窗口。成功的销售员具有察言观色的本领，他们能够根据对方的言行举止、喜怒哀乐等来分析自己的言行是否合理。这样的销售员往往比一般的销售员具有更强的适应性，至少他们不会在客户高兴时，泼一盆冷水，弄得大家不欢而散，更不会在客户愤怒时，出言不逊，惹祸上身。

一天早上，一家服装店刚开门，就来了三位顾客。一位是60多岁的老太太，后面是一对男女朋友。男孩戴一副眼镜，很斯文。女孩穿着时尚，显然对美丽相当重视。

营业员小王热情地迎上去打招呼："三位要买些什么？"老太太回头对男孩女孩说："这里货多，你们仔细看看，拣条称心的买。"小王心里明白了，这是婆婆为未来的儿媳妇买裤子。于是，她指着挂在货架上各种各样的裤子说："这些式样现在都有现货，你们要看哪一条，我拿出来让这位美女穿上试试。"

三个人都不作声。小王发现，老太太的目光总是停在六十几元一条的裤子上，而女孩却目不转睛地盯着一百多元的一条裤子。这时，男孩的眼睛一会儿望望裤子，一会儿又看看老太太和女孩，脸上露出一些不安的神色。

几分钟过去了，细心的小王从他们的目光中捉摸出老太太想节约一点，买条物美价廉的裤子，女孩则希望能买一条上档次的裤子，但两人都不好意思先开口。男孩大概也看出了双方的心情，既怕买便宜的得罪了女友，又怕买贵的得罪了母亲，所以左右为难，一声也不吭。

关于这三人的心理，小王洞若观火，在恰当的时候，小王对老太太说："这种六十几元的裤子，虽然价格便宜、经济实惠，但都是用混纺料做成的，一般穿穿还可以，如果要求高一些恐怕就不能使人满意了。"接着，她又对女孩说："这种一百多元一条的裤子，虽然样式新颖，但颜色均比较深，年轻姑娘穿恐怕老气了点，不太合适。"说着，她取出一条八十几元的米黄色裤子说："这种式样是我们店最畅销的裤子，穿起来很上档次，而且米黄色是今年的流行色，高雅富丽、落落大方，我感觉特别适合这位美女，您不妨试穿一下。"

小王的一席话，使气氛顿时活跃起来，女孩不露声色地笑了，老太太眉开眼笑，男孩转忧为喜。三个人有说有笑地翻看着这条裤子，女孩试穿后，十分满意，老太太高高兴兴地付了钱。

这个事例告诉我们，优秀的销售员要善于察言观色，能够及时发现客户的心理变化以及面部表情，并且及时应对这些变化，再说上一两句贴心的话，很可能就会牵动客户的心。

其实，每个人在与别人进行交流的时候，他的言谈举止、表情动作都会向对方传达很多的信息，销售员要善于从中辨别出客户的心理状态、喜好、兴趣及欠满意的地方。例如，客户在吃风味汤圆的时候，服务员在餐桌旁听到客户自言自语地说“要是甜一点就好了”，细心的酒店员工马上给客户送上了糖，使客户感动不已。再比如，几位客户边说边笑进了餐厅，服务员听到一位客户说到了海滨城市，能尝尝海鲜就好了。点菜的时候，服务员就站在一旁说，几位先生不想尝尝海鲜吗？随之，马上向客户介绍了酒店的一系列海鲜菜肴，并详细介绍了烹饪方法、风味特色、营养成分，津津有味的介绍让客户们胃口大开，急欲一尝。

客户的心理非常微妙地体现在客户的言行举止中。所以销售员与客户的沟通中，一定要注意客户的言行举止。其实，这也是一件难度非常大的事，要从客户的神态中看出客户现在在想什么，要从客户说话的口气中听出客户的意向有多大，还真需要点功夫。

有一位成绩斐然的推销员，不仅善解人意，且敏感性极强，能准确地从对方的沉默中窥见对方的思想状况与内在意图。有人问他是怎样去把握对方沉默不语时的心思的，他的回答是：“只要你留心观察，你就会发现对方虽然沉默不语，但你从他的神态和表情变化中能够发现内心思想感情的变化。”

“比如，在放松的情况下，客户坐着的时候脚尖总是着地的，并且静止不动。但一到心情紧张的时候，脚尖就会不由自主地抬高起来，因此，我们只要看到对方脚尖是着地还是抬高，就可以判断他的心理是平静的还是紧张的。还比如，在放松的情况下，吸烟的人熄灭烟蒂大都保留一定的长度，可是一到非正常的情况下，剩下的烟蒂就可能很长。所以，如果你发现对方手中的烟蒂还很长，却已经被熄灭了，你就要有所准备，对方可能打算告辞了。”

从这位推销员的一席话中，可以看出他有何等观察入微的工作作风，这也道出了他做到成功销售的个中奥秘。

有位心理学家曾讲过：“在世界的知识中，最需要学习的就是如何洞察他人。”在实际销售中，销售员既要察言，又要观色，把它们结合起来，这对提高销售业绩十分重要。如果销售员能察言观色，及时地改变先前的决定，及时地退或进，及时地把自己的言行组合或分解，及时地控制自己的喜怒哀乐，那么，与客户关系一定会更加和谐。

听语速的快慢，知客户的个性

常言道：言为心声。一个人在说话的时候，多多少少总会反映出其内心的一些活动。分析判断人的言语，是洞察人的心理奥秘的有效方法。在销售的过程中，聪明的销售员不但要从客户说话的内容中洞察出客户的心理，还需要注意客户说话的语气和语速，因为客户说话的语气和语速中也可能会暗含着他们的某种真实的目的和用心。

生活中，有的人说话速度快，有的人说话速度慢；有的人说话语气缓和，有的人说话则坚决果断。其实，人的说话速度和语气之所以呈现出千差万别，其实都是受他们性格的影响。

人在说话时同时也是心理、感情和态度的流露，其中，语速的快慢、缓急直接反映着说话人的心理状态。比如，某人平时能言善辩，突然结结巴巴说不出话来，或者某人平时木讷，突然滔滔不绝地说一大堆话，则一定是事出有因，他的心理发生了颠覆性的变化。因此，仔细留意一个人说话时的语速及变化，就能掌握其心理状态。

在一次对外贸易出口大会上，小李代表我方与客商进行主要谈判。在第一轮谈判中，客商千方百计地采取各种招数来摸我们的底。每当客商感觉马上要打探到我方的关键信息的时候，客商说话的语速就会很快，掩饰不住他内心的紧张和激动。而这一切都被小李看在眼里。小李可不是一般人，他是学过心理学的研究生，对于客商这些由语速变化而表现出的内心变化可以说是了如指掌。于是，正当客商罗列过时行情，故意压低购货的数量的时候，小李明智地选择了中止谈判，开始搜集相关的情报。

第二天早晨，谈判又开始了。客商一上来就慢悠悠地说道："我们觉得吧，价格不能再高了，不然我们就找别的厂子了。"精明的小李一听客商说话的语速这么慢，而且还不着急，心想坏了，肯定是客商知道了我们的报价。这个时候，小李只能给对方放烟雾弹了。虽然小李内心恐慌，但他还是让自己镇定下来，对客商说："价格的问题我们待会儿可以商量，我们想让您先看看我方产品。我方的价格虽然比别的厂商要贵一些，但我方产品是有中国××保险公司给担保的，产品质量非常有保障。而且我方产品是进行跟踪服务的，出现了问题，公司会直接派专业人员上门进行维修，而且所需的维修材料保证也是我方产品。”

客商听完这些话之后，用平缓的语气说道：“嗯，请接着说。”小李一听，知道客商这时放松了警惕，已经被自己牵着鼻子走了，早就忘记他之前价格的事情了。小李趁热打铁继续说道：“其实，这么算下来，您自己找人来维修，所花费的金钱、时间、精力足够让您得到比这个价格更大的利润。我想，您应该会作出明智的选择。”

在经过一些小的交涉之后，客商乖乖就范，接受了我方的价格，购买了大量该产品。

很多时候，一个人说话的语气、语速变化，往往会暴露出他的内心变化。如果销售员能够很好地抓住客户的心理活动，基本上可以说就真正地“控制”住了这个客户。

在交谈过程中，我们可以通过观察对方的说话速度和语气，更好地了解对方的个性。

1．说话语速缓慢的人。这种类型的人大多属于慢性子，不仅说话不紧不慢，即使遇到急事，他们也能镇定自若。这样的人心地善良，为人宽厚仁慈，富有同情心，能够关心体谅他人。

2．说话语速稍快的人。这类人反应快，但个性易怒。对于无意义的事、无关紧要的事也会唠叨个没完，一意孤行。有时还会把自己的身体挪近对方，说到关键之处，唾沫横飞，有时甚至会随意打断对方的话语，以便贯彻自己的主张。

3．说话语速反常的人。这类人平时少言寡语、慢条斯理，突然之间夸夸其谈、口若悬河，说明他们在内心深处有不愿意被他人察知的秘密，想用快言快语作为掩饰，转移他人的注意力。或许他们还有让对方了解的愿望，仓促之间不知道该如何表达，所以在语速上出现了反常。

4. 由自信决定语速的人。自信的人多用肯定语气与别人进行对话；而没有自信心和怯懦的人，说话的节奏缓慢，多半慢慢吞吞，声调低沉，好像没有吃饭似的没有力气。

5. 经常滔滔不绝谈个不休的人。这类人一方面目中无人；另一方面好表现自己。并且，他们一般性格外向。当话题冗长、须相当时间才能告一段落时，他们心中必潜藏着唯恐被打断话题的不安，所以才会以盛气凌人的方式谈个不休。

6. 说话轻声细语的人。这类人生性小心谨慎，具有一定的文化修养，措辞严谨适当，而且谦恭有礼。他们对人很有礼貌，别人也会尊重他们；胸襟宽阔，能够包容他人的缺点和错误，对人也很客气，不轻易责怪与怨恨他人，注重交往，能够主动与周围的人拉近距离。

从客户的坐姿读懂其心理

人们的坐姿看上去大同小异，但这其中小小的差别往往能体现出人们的一些真实心理。在销售中，销售员可以通过不同的坐姿，读出客户的心理状态，采取相应的销售对策。

经理交给小王一位难缠的客户，经理已经派出了几位销售人员，但是每个都垂头丧气地回来。“这是一位很难缠的客户，小王，你要是能把这位客户攻下来，我请你吃饭。”“好的，经理，这可是您自己说的啊，一言为定！”“一言为定！”

于是小王开始准备，他知道，对于难缠的客户，不能贸然去拜访，不然吃亏的还是自己。所以他花了三天的时间来搜集该客户的资料，同时他又去请教了拜访过该客户的几位同事。尽管他们提供的信息不多，但是每一个人都提到了一个现象，就是他们在拜访该客户的时候都看到这位客户在坐着的时候总是跷起二郎腿。

这是一个很值得注意的因素，于是小王找来身体语言的各种书籍，终于找到了该身体语言所暗示的信息。最后小王针对该现象采取了相应的对策，这位客户就被攻下来了。

注重观察客户的坐姿对于销售人员了解客户性格特征，调整与其的关系大有益处。坐姿其实就是一种习惯，这种习惯也反映了人的性格，同时也表露了客户的心理。

我们可以通过下列的分析来了解不同的坐姿所透露出的人的不同心理。

1. 自信型的坐姿。这种人通常将左腿交叠在右腿上，双手交叉放在腿跟两侧。他们有较强的自信心，非常坚信自己对某件事情的看法。

2. 温顺型的坐姿。这种人坐着时喜欢将两腿和两脚跟紧紧地并拢，两手放于两膝盖上，端端正正。这种人一般性格内向，为人谦逊，对于自己的情感世界很封闭。

3. 古板型的坐姿。坐着时两腿及两脚跟并拢靠在一起，双手交叉放于大腿两侧的人为人古板，从不愿接受别人的意见，有时候明知别人说的是对的，但他们仍然不肯低下自己的脑袋。

4. 羞怯型的坐姿。把两膝盖并在一起，小腿随着脚跟分开成一个“八”字样，两手掌相对，放于两膝盖中间的这种人特别害羞，多说一两句话就会脸红，他们最害怕的就是让他们出入社交场合。这类人感情非常细腻，但并不温柔，因此这种类型的人经常觉得莫名其妙。

5. 坚毅型的坐姿。这类人喜欢将大腿分开，两脚跟并拢，两手习惯于放在肚脐部位。这种人有勇气，也有决断力。

6. 冷漠型的坐姿。这种人通常将右腿交叠在左腿上，两小腿靠拢，双手交叉放在腿上。这种人看起来觉得非常和蔼可亲，很容易让人接近，但事实却恰恰相反。

7. 悠闲型的坐姿。这种人半躺而坐，双手抱于脑后，一看就是一种怡然自得的样子。这种人性格随和，与任何人都相处得来，也善于控制自己的情绪，因此能得到大家的信赖。

8. 重重地坐下去。此时的心情一定是烦躁的。

9. 轻轻地坐下去。此时的心情一定是平和的。

10. 有意识从并排坐改为对着坐。或是对谈话对象抱有疑惑，或是对对方有了新的兴趣。

11. 有意识挪动身体。是想在心理上与对方保持一定的距离。

12. 侧身坐的人。此时的心情除了舒畅外，还觉得没有必要给你留下什么更好的印象。

13. 猛然坐下。其内心或隐藏着不安，或有心事不愿告诉你。

14. 双腿不断相互碰撞或不断地拍打地板。此时一定有什么事使他紧张和焦躁。

15. 喜欢与人对着坐。是由于他希望能够被对方理解。

16. 喜欢与人并排坐着。是由于他认为与对方有共同感。

总之，从坐姿细微区别可以推测出这个人的性情轮廓以及为人处事的方式。如果你是个有心人，在接触客户三五分钟内，即使你们没有交谈，你也能大致了解对方的性情。

第五章 修炼强大内心，销售拼的是心态

自信是成为优秀销售员的首要条件

要成为一名优秀的销售员，首先要坚持对自己有信心。如果连自己都没有信心，连自己都说服不了自己，又怎么能说服顾客、感染顾客来购买你的产品呢？

自信是发自内心的自我肯定和相信，是一种积极的心态，是获取销售成功的最重要的精神力量。推销大师乔·吉拉德说："信心是推销人员胜利的法宝。在推销过程的每一个环节，自信心都是必要的成分。"自信心在销售过程中起着至关重要的作用，是销售员坦然地面对客户并赢得客户的最有效的资本。

在销售过程中，自信是促使客户购买你商品的关键因素。你只有对自己充满自信，在客户面前才会表现得落落大方，胸有成竹，你的自信才会受感染、征服消费者，用户对你销售的产品才会充满信任。同时，自信会使你的销售变成一种享受，能使你把销售当作愉快的生活本身，你会在自信的销售工作中，对自己更加满意，更加欣赏自己。

布鲁金斯学会创建于1916年，以培养世界最杰出的销售员而著称于世。它有一个传统，在每期学员毕业时，都设计一道最能体现销售员能力的实习题，让学生去完成。

1975年，布鲁金斯学会设计的题目是让学生将一个微型的录音机销售给当时的总统尼克松，这个学会的一名学员成功了。克林顿当总统的8年间，学会曾设计过一个题目，是让学员将一条三角裤头销售给克林顿总统，但是8年过去了，无一人销售成功。小布什当总统之后，学会又给学生的命题为：请你把一把斧子销售给布什总统。

实际上，现在的美国总统布什什么也不缺，他要一把斧子干什么？即使说他需要斧子，也不需要他亲自去购买；退一步说他就是他亲自去买了，也不一定会碰上你这个卖斧子的销售员。因而，要完成这个题目应该说是大海捞针——够难的了。

可是，有一个叫作乔治·赫伯特的学员，并不认为这个题目有多么难。他首先对完成这个题目充满自信，相信自己一定能够成功。而后围绕着斧子和布什总统的关系进行了一番详细的调查研究，得知布什总统在克萨斯州有一座农场，农场里面长着许多树木，这些树木确实需要修剪。紧接着就给布什总统写信，阐明总统需要买一把斧子的理由。布什总统接到信后，也认为是这样，确实有必要买一把斧子，一来对树木进行修剪，二来锻炼身体，经常到林子里呼吸一下新鲜空气，三是可以调节一下总统繁忙的生活。于是立即给这位学生寄去了15美元，买回了一把斧子。

乔治·赫伯特成功后，布鲁金斯学会奖给了他一双上面刻有“最伟大的销售员”的金靴子，并在表彰他的时候说，金靴奖已设置了26年。26年间，布鲁金斯学会培养了数以万计的销售员，造就了数以万计的百万富翁。这双金靴之所以没有授予他们，是因为我们一直想寻找这样一个人——这个人从不因有人说某一目标不能实现而放弃，从不因某件事情难以办到而失去自信。

销售是信心的传递，是情绪的转移。如果你对产品非常有信心，你满脑袋是知识，你就能畅所欲言介绍你的产品，那你想不成功都很难。所以说，如果你认为你能，天下就没有卖不出去的产品；如果你认为你不能，你就根本不可能把产品卖出去。

销售是最容易受到客户拒绝的工作，如果你不敢面对它，没有战胜它的自信，那你肯定得不到成绩，你也将永远被客户拒绝。面对客户的拒绝，你只有抱着“说不定什么时候，我一定会成功”的坚定自信——即使客户横眉冷对，表示厌烦，也信心不减，坚持不懈地拜访他，肯定会有所收获。

自信是一种力量，更是一种赢得别人尊重的人格魅力。有这样一个道理：不是因为有些事情难以做到，我们才失去自信，而是因为我们失去自信，有些事情才显得难以做到。所以销售员一定要有信心，对自己的公司充满信心，对推销的产品充满信心，对自己的能力充满信心，对美好的未来充满信心，不管面对什么样的客户，都要在心里告诉自己“我一定能够说服他们”，然后信心百倍地去敲开客户的门，那么成功就在你的面前。

摆正心态，克服恐惧心理

恐惧，是每个人都有的一种情感。而且这种情感是与生俱来的，每个人都会有，并且会伴随我们一生，没有例外。每一个人在社会生活的方方面面都会有恐惧感的产生，特别是当遇到陌生或不利的环境时，恐惧感会更加强烈。

销售员的恐惧多半来源于“不敢与人打交道”，我们管这个现象叫作：缺乏人际勇气。新的销售员在这一点上尤为明显，由于缺乏人际勇气而遭到淘汰的销售员高达40%以上，这些人多半是在入职后不长的时间就暴露出这样的问题。

美国销售员协会曾经对销售员的拜访做长期的调查研究，结果发现：48%的销售员，在第一次拜访遭遇挫折之后，就退缩了；25%的销售员，在第二次遭受挫折之后，也退却了；12%的销售员，在第三次拜访遭到挫折之后，也放弃了；5%的销售员，在第四次拜访碰到挫折之后，也打退堂鼓了；只剩下10%的销售员锲而不舍，毫不气馁，继续拜访下去。结果80%推销成功的个案，都是这10%的销售员连续拜访5次以上所达成的。

由此可见，一般销售员效率不佳，多半由于一种共同的毛病，就是惧怕客户的拒绝。

恐惧对一个从事推销的人来说是一种非常不利的感觉，每一个销售员都会在某时或某地出现不愿拜访的职业恐惧症，如果处理不得当，会直接导致拜访失败，甚至导致订单失败。销售员之所以在拜访中有恐惧感，主要是缺乏勇气。找到症结后，应该及时地进行根治，鼓起勇气，大胆地接触客户。

杰夫·荷伊芳刚刚开始做销售工作的时候，有一次，他听说百事可乐的总裁卡尔·威勒欧普将到科罗拉多大学演讲。于是，杰夫就找到为卡尔先生安排行程的人士，希望对方能安排个时间让他与百事可乐的总裁会面。可是那个人告诉杰夫，总裁的行程安排得很紧凑，最多只能在演讲后的15分钟与杰夫碰面。

于是，在卡尔先生演讲的那天早晨，杰夫就到科罗拉多大学的礼堂外面苦等，守候这位百事可乐的总裁。

卡尔先生演讲的声音不断地从里面传来，不知过了多久，杰夫猛然惊觉，预定的时间已经到了，但是卡尔先生的演讲还没有结束，已经多讲了五分钟。也就是说，自己和卡尔会面的时间只剩下十分钟了。他必须当机立断，做个决定。

于是，他拿出自己的名片，在背面写下几句话，提醒卡尔先生后面还有个约会："您下午两点半和杰夫·荷伊芳有约。"然后，他做了一个深呼吸，推开礼堂的大门，直接从中间的走道向卡尔走去。

卡尔本来还在演讲，见他走近，便停了下来。这时，杰夫把名片递给他，随即转身循原路走回来，还没走到门边，就听到卡尔告诉台下的听众，说他约会迟到了，谢谢大家今天来听他演讲，祝大家好运。说完，他就走到外面与杰夫碰面。

此时，杰夫坐在那里，全身神经紧绷，呼吸几乎快要停止了。卡尔看看名片，接着对他说："让我猜猜看，你就是杰夫，对吧！"于是，他们就在学校里找了一个地方，自在地畅谈了一番。

结果他们整整谈了30分钟之久。卡尔不但花费宝贵的时间告诉他许多精彩动人的故事，而且还邀杰夫到纽约去拜访他和他的工作伙伴。不过，他赐给杰夫最珍贵的东西，则是鼓励他继续发挥先前那种大无畏的勇气。卡尔说："不论在商场或任何领域，最重要的就是'勇气'。当你希望达成某件事时，就应具备采取行动的勇气，否则最后终将一事无成。"

在推销过程中，销售员第一个推销的应该是他的勇气，这是克服恐惧的方法，也是每一个从事推销工作的人都要牢记的法宝。

每个销售员都有提升销售业绩的想法，为什么大多数的想法被搁浅了，其主要原因就是缺乏勇气，想为不敢为，结果一事无成。在推销工作中，每个销售员都有许多面临害怕做不到的时刻，因而画地为牢，使无限的潜能化为有限的成就。

对销售员来说，最需要勇气的就是敢于面对客户的拒绝。推销是一种推销自己的职业，更是一种勇敢的职业。当销售员向别人推销产品，他们面对的不仅仅是别人，也是自己。有一些销售员，当他们在推销过程中遭到拒绝后，往往会产生一种心理障碍，害怕再去向别人推销商品。事实上，销售员业绩不佳，不见得是他们懒惰无能的结果，真正的原因很可能是他们害怕自我推销。当他们产生恐惧心理后，在下一次的推销过程中就会表现得更差。然而如果连他们自己都没有信心，别人又怎么能够信任他们呢？

所以，对销售员来说，勇气是非常重要的，勇气是你行动的动力。作为销售员，应该克服自己恐惧心理，让勇敢在你的心里生根发芽。

有一位推销员因为常被客户拒之门外，慢慢患上了“敲门恐惧症”。他去请教一位大师，大师弄清他的恐惧原因后便说：“你现在假如站在即将拜访的客户门外，然后我向你提几个问题。”

推销员说：“请大师问吧！”

大师问：“请问，你现在位于何处？”

推销员说："我正站在客户家门外。"

大师问："那么，你想到哪里去呢？"

推销员答："我想进入客户的家中。"

大师问："当你进入客户的家之后，你想想，最坏的情况会是怎样的？"

推销员答："大概是被客户赶出来。"

大师问："被赶出来后，你又会站在哪里呢？"

推销员答："就——还是站在客户家的门外啊！"

大师说："很好，那不就是你此刻所站的位置吗？最坏的结果，不过是回到原处，又有什么好恐惧的呢？"

推销员听了大师的话，惊喜地发现，原来敲门根本不像他所想象的那么可怕。从这以后，当他来到客户门口时，再也不害怕了。他对自己说："让我再试试，说不定还能获得成功，即使不成功，也不要紧，我还能从中获得一次宝贵的经验。最坏最坏的结果就是回到原处，对我没有任何损失。"这位销售员终于战胜了"敲门恐惧症"。由于克服了恐惧，他当年的销售成绩十分突出，被评为全行业的"优秀推销员"。

由此可见，在推销过程中，销售员只有克服恐惧，才能自如的与客户交流。越是恐惧的事情就越去做它，你才可能超越恐惧，否则，恐惧就会成为你心里上的大山，永远横在你的面前。

虽然每位销售员拜访的对象也是普通人，但在拜访过程中，大部分销售员均会或多或少地存在怕见客户的畏惧心理。身为销售员如果不敢见客户后果可想而知，那么要克服这种心理障碍并且积极面对客户，我们应该怎么做呢？

销售员战胜恐惧的最好方法就是行动，行动是推销成功的最佳途径。行动不会失去什么，相反它会给你增加胆量。在推销过程中，只有大胆尝试和行动才能有所收获。心理学研究表明：思想没有办法化解一种不好的情绪，但行动却可以。所以，一个成功的销售员，要想克服推销恐惧症，必须采取以下措施：强迫自己不断地采取行动。当你离开一间办公室时，要立刻冲进另一间办公室，用说话的声音来化解畏惧。提高说话的声音，把说话的速度加快一点，脸上保持微笑，心里就不会出现特别恐慌的感觉了。只要你能按照这里提供的方法去实践，就一定能够克服销售恐惧症，成为一个优秀的销售员。

勇敢地面对销售挫折

几乎所有销售人员都有一个共同的感受和经历，就是成功的销售是从接受客户无数次拒绝开始的。勇敢地面对拒绝，并不断从拒绝中汲取经验教训，不气馁不妥协，这是销售人员应学会的第一课。

在销售人员当中，曾流传着一个著名的笑话：如果你向100个人询问他们今天是否想买你的产品或服务，90%会回答“不”，剩下的10%会回答“见鬼，不。”

可见，要取得销售的最终胜利，销售人员首先必须战胜客户的拒绝，否则就无法抵达胜利的彼岸。

舒斯特是美国保险推销界的推销大王。他初次踏入推销领域时，也曾遭遇到不少挫折和困难。但是，一次失败，带给了他一生中最大的启示，成为他一生的转折点。

有一天，舒斯特到一家工厂拜访一位老板。那位老板正埋头于工作中，当舒斯特作过自我介绍并且说明来意后，他一副颇不耐烦的样子，挥挥手说：“推销保险，我不需要！”舒斯特的自尊心受到严重的伤害。

于是，舒斯特一个人漫步于街头，信步走到一座公园，独自坐在冷板凳上反省，心想：“自己到底适不适合当推销员？”左思右想之下，他越来越对推销工作感到气馁。这时候，一声“哎哟”引起了舒斯特的注意，原来有两位小朋友在练习溜冰，其中有一位小朋友不小心跌了个四脚朝天，却见他不当一回事地自己爬起来。舒斯特走上前去问：“小弟弟，你不怕疼吗？”跌倒的男孩若无其事地回答说：“我只想把溜冰学好，跌倒了不算什么，再爬起来就是了。”听了小朋友的答话，舒斯特深受启发：一点也不错，跌倒了，再爬起来就是了，只要肯下功夫，一定能够成功的！

第二天，舒斯特又前往昨天碰过钉子的工厂拜访。首先，舒斯特告诉老板，他是为昨天冒昧地打扰，专程来致歉的。那位老板看到舒斯特如此客气，态度比昨天好多了。因此，舒斯特趁机请教他一个问题：“如果贵工厂的职员在外面遇到了困难便退缩的话，你还用不用他？”这位聪明的老板立刻明白了舒斯特的言下之意，因此，立刻请舒斯特坐下，并且告诉舒斯特，他愿闻其详。

结果，舒斯特成功地拿到了这位工厂老板的订单。从此，舒斯特便不断地告诉自己：“推销是从拒绝开始的。摔倒了要自己勇敢地爬起来。”

是的，“推销从被拒绝开始”。顾客的拒绝是每一位销售人员在推销中必然要遭遇的问题。销售的本质就是无数次的拒绝和失败，不要害怕顾客的拒绝，时刻做好迎接顾客拒绝的准备，你才能坦然面对每一次推销，并最终成为一个优秀的销售人员。

世界寿险首席推销员齐藤竹之助说：“推销就是初次遭到顾客拒绝之后的坚持不懈，也许你会像我那样，连续几十次、几百次地遭到拒绝。然而，就在这几十次、几百次的拒绝之后，总有一次，顾客将同意采纳你的计划，为了这仅有的一次机会，推销员在做着殊死的努力，推销员的意志与信念就显现于此。”

一位销售专家曾经说过：“每一次明显的推销尝试都会造成沟通上的抵制。”人们就是不喜欢成为推销或干涉对象，尤其是成为一个陌生人的推销或干涉对象。当他们看到你走过来时，他们不一定总是躲起来，但他们会竖起其他形式的障碍，甚至可能是一个隐藏他们自然本性的防御性的面具，为了成功，你必须剥去这层人造外壳。

销售肯定有抗拒，如果每个人都排队去买产品，那销售人员也就没有作用，顶尖销售人员也不会被人们所尊重。所以销售遭受拒绝是理所当然的。

小薇是某化妆品的一名销售人员。在售前培训的时候，没有过销售经历的小薇还信心满满，准备大干一场。然而，开始工作的第一天她就尝到了被拒绝的“苦头”。

面对顾客，小薇总是笑脸相迎，心想这样能给顾客留下好的印象，也就能为自己争取更多的时间来介绍产品。可是事实却并非如此，每次自己的笑脸十有八九会换来冷冷的拒绝。“热脸贴着冷屁股”的感觉让她觉得特别难受。

结果，小薇不但在工作上没有成效，而且生活也受到了影响。她渐渐开始对自己产生怀疑，见了人不喜欢说话，即使是工作需要，也表现得唯唯诺诺。一段时间后，小薇也发现了其中的问题，觉得自己或许并不适合做销售，于是便去向经理辞职。经理细心地开导她：“很多时候别人并不是在拒绝你，而是拒绝你所推销的产品或服务。即使是拒绝你也没有什么，每个销售人员都将会无数次地面对这种拒绝，并不是只针对你一个人，所以你完全不用这样怀疑自己。你很可爱，要相信自己，要学会让自己的心变得更强大，要学会应对和适应被拒绝！”

在经理的说服下，小薇决定再试一段时间。她研究大量销售前辈的经历，发现这些人在一开始也遇到了和自己一样的情况。不同的是，他们及时调节心理，让自己适应了这种被拒绝的工作，并坚持下去，最终取得了成功。这也就是“适者生存”的道理。

明白了这些，再次面对“被拒绝”的时候，小薇的心开始变得强大。她告诉自己：“适应被拒绝，但决不能‘放纵’被拒绝。”每次被拒绝后，她考虑的不是自尊心受到了怎样的伤害，而是反省到底是什么原因让自己被拒绝。如果是客观原因，内心便会释然；如果是主观原因，就提高自己在这一方面的不足。

经过一个月的努力，小薇最终取得了新手销售量第二的“战果”。这样的成绩使小薇更加信心满满地投入以后的工作。

被拒绝是销售的起步！对销售新人来说，这并不是什么大不了的事，重要的是你怎么去面对。

优秀的销售人员认为被拒绝是常事，并养成了习惯吃闭门羹的气度。他们会时常抱着被拒绝的心理准备，并且怀有征服客户拒绝的自信，这样的销售人员会以极短的时间完成推销，即使失败了，他们也会冷静地分析客户的拒绝方式，找出应对这种拒绝的方法来，待下次遇到这类拒绝时即可从容应对，成功率也会越来越高。

销售是最容易遭遇挫折的职业。实际上，即使是最优秀的销售人员，也不可能使每一次销售洽谈都导致最后的成交。在销售活动中，真正达成交易的只是少数。我们应该充分地认识到这一事实，鼓起勇气，不怕失败，坦然接受销售活动，才可能产生出不同结果。

坚持到底，不要轻言放弃

在市场经济中，作为一个销售员在面对机遇、成绩的同时也在面对着挑战。你在追求理想、梦想过程中，首先要面对的是拒绝，要想成为一名销售赢家，你就一定要有面对拒绝，接受拒绝和克服拒绝的勇气。拒绝可能来源于语言，有时是情感方面。不管来自何方，你都要在内心坚定地对自己说：“不，我决不能放弃，我决不投降。”

日本著名的推销员高木刚刚入行的时候，一切都不如意。他每天跑三十几家单位去推销复印机。在第二次世界大战后百废待兴的时期，复印机是一种非常昂贵的新型商品，绝大部分机构都不会购买。大多数机构连大门都不让推销人员进；即使进去了，推销人员也很难见到主管。高木只好设法弄到主管的家庭地址，再登门拜访。而对方往往让他吃闭门羹："这里不是办公室，不谈公务。你回去吧。"

第二次再去，对方口气更为强硬："你还不走，我可要叫警察了！"

头三个月的业绩为零，他连一台复印机也没有卖出去。他没有底薪，一切收入都来自交易完成以后的利润分成。没有做成生意，就没有一分钱收入，出差在外时住不起旅馆，只好在火车站候车室过夜，但他仍然坚持着。

有一天，他打电话回公司，问有没有客户来订购复印机。这种电话他每天都要打，每次得到的都是值班人有气无力的回答："没有。"但这一天，回答的口气不同了："喂，高木先生，有家证券公司有意购买，你赶快和他们联系一下吧。"

简直是奇迹，这家公司决定一次购买8台复印机，总价是108万日元，按利润的60%算，高木可得报酬超过19万日元。这是他的第一次成功。从此以后，时来运转，他的销售业绩直线上升，连他自己都觉得惊讶。进入公司半年以后，高木已经是公司的最佳销售人员了。他觉得，自己之所以能够成功，是因为他将整个生命都投入到这个工作中去了。

有一天，他到某机电公司去推销，主管很仔细地听取高木的产品介绍，然后说："请你拿一份图纸给我看看。"高木将图纸送过去，新的要求又来了："请你把那些已经使用这种复印机的单位名录给我看一看。”

高木不厌其烦又整理了一份名录送过去。那人说：“请再为我算算成本。”

总之，他每一次去对方都有新的要求，就是不提购买的事。高木有求必应。就这样拖了两个月，主管竟然提出：“请你们的社长来一次好吗？”

高木不知道他葫芦里卖的什么药，但还是请社长一起去拜访了这位主管。

吃饭时，这位主管对社长说：“你这位高木先生实在了不起。我工作了这么多年，不知见过多少销售人员，但能完全遵照我的要求办事的，只有他一个人。”从此以后，这家机电公司所有购买复印机的业务，一律交给高木办理。

乔·吉拉德曾经说过：“成功的人有时候也是被逼出来的。我想大多数人都会承认，他们之所以成功，是因为他们的坚韧不拔，不断追求成功。事实上，坚韧不拔便是成功的保证。”在销售过程中，签订合同，推销产品，不会一谈就成，需要一个持之以恒的努力过程。而往往有些销售员因不能坚持到底，忍耐性不够，虽为销售任务付出了很多时间和努力，但最终改弦易辙，使此事前功尽弃。殊不知，倘若自己再坚持一天或再去一次，自己所期望的结果就可能会出现。

其实，销售就是初次遭到客户拒绝之后的不懈坚持。也许我们会经历连续几十次、几百次的拒绝，而在这些拒绝之后，总有一次客户会采纳我们的计划。但为了这仅有一次的机会，每一个销售员都应该作出最大的努力。

史卡特是一位成功的推销员，他负责的是推销企业保险。

史卡特听说有一家公司一直以不缴纳企业保险为原则，不论哪个公司的推销员发动怎样的攻势都无济于事。史卡特觉得这很有挑战性，就决定争取把这家公司攻下。他选择了总务部长作为拜访对象。

可是，两个多月的时间里，那个总务部长一直以抽不开身为由拒绝见面。终于有一天，他同意见见史卡特。进入办公室后，史卡特极力地向总务部长说明加入企业保险的好处，紧接着拿出早已准备好的推销方案，满腔热情地说明。总务部长刚刚听了一半，就不耐烦地告诉史卡特，这个方案不行。

史卡特将材料拿了回来，做了认真的修改，第二天又去拜见总务部长，而又是冷冰冰地告诉他方案不能通过，并向他说明了公司不缴纳保险的原则。

虽然这次的拒绝使史卡特十分难过，但他确信他做的是一件有益的事，并且把这一次的成功看成他成为世界第一推销员的里程碑。于是，他平静地离开了办公室。

此后，史卡特便开始了他长期而艰苦的销售访问。他继续试图说服这家公司，大约跑了有30多次，怀着“今天肯定会成功”的信念持续了3年的访问。终于成功地完成了盼望已久的结果——他成功了。

遭受挫折或被拒绝对销售员来说是一件非常沮丧的事情。它意味着自己为销售成交而准备的大量前期工作，将付诸东流，前功尽弃。所以一些销售员由此丧失信心，经受不起这个无情的打击，最终在这个职业上淘汰了自己。事实证明，只有那些坚持到底的人，才能最终赢得客户。

被拒绝了，下次换另一种方式再去访问。客人可以拒绝你的产品，但无法拒绝你的热情。要想在销售界有所发展，首先得拥有百折不挠的精神。成功不仅仅取决于你的能力，还取决于你的心理素质。因此，拥有强大的内心是销售人员走向成功的必要条件。

转变思维，摆正你的销售姿态

销售是一件非常有姿态的事情，但是很多人却没有摆正姿态。生活中，常常可以看到一些销售员把自己变得简直太“便宜”了，死气白赖地求着客户买你的产品，客户觉得你好像向他要钱一样。试想一下，如果你是客户，你会和这样的销售员成交吗？所以说，越没姿态越卖不出去产品，相反，你越有姿态越可以成交。

那么，怎么能够有姿态呢？重要的一点就是自信，你首先要给自己这样一个信念——你本来就值钱，不要把自己卖低价、卖廉价，甚至赔本卖了。在你所在的领域里，你是最棒的，无人能比的，而客户是不专业，不内行的。如果你找回你的自信，找到你的价值，然后打通自己的信念通道，那么你就是“值钱”的，所以成交一定要有立场、有态度。

下面的这个案例，或许在我们的身边也常出现这样的销售人，或者就曾发生在你的身上。

孙小姐是一位电脑销售新人，一次，她向一位经理推售电脑，言行显得过于谦卑和胆怯，这让那位经理非常不高兴。经理看了看电脑，觉得质量非常好，但最终还是没有购买。

那位经理说："成交是一种姿态，销售人员与其他人一样，都是用自己的努力实现自我价值。你销售的是你的产品，你对自己都没有信心，我怎么能够信任你，对你的产品没有信心，我怎么能购买你的产品呢？"

随后，孙小姐经过认真思考，觉得那位经理的话非常有道理。的确，成交是自我价值的深刻体现。成交是自我的再生产，是创造一个新自我的过程。

此后，孙小姐建立了自信，摆正了成交姿态，不再卑微胆怯地面对客户了，销售业绩也在不断地提升。

在客户面前自觉低人一等、过于谦卑是非常普遍的现象。在成交过程中，许多人虽然敢于迈出销售生涯的第一步，但是，直接面对客户、与其进行交流的时候往往会表现得坐立不安、手足无措、语无伦次。为什么平时谈笑风生的销售人员，一旦与客户交谈起来，却变成这样的状态呢？实际上，这就是他们的自卑心理在作祟，他们从内心深处认为销售是一个求人购买产品的行业，做销售工作是很没面子的。

卑微胆怯的销售姿态，不但会使你的产品贬值，也会使企业的声誉和自己的人格贬值。作为一名销售人员，不管面对什么样的客户，都不要认为销售是一种求人、丢面子的工作，应该保持不卑不亢的态度，至少应该与客户平等相待，只有这样，你才能从根本上赢得客户。

没有人喜欢一个销售员那种自我贬低的态度，畏首畏尾、奉承、抱歉的态度只会让他在客户面前失去尊严和自信。所以，销售员在拜访客户的时候，要在客户面前表现得勇敢、果断，而不是给客户留下一个懦弱的印象从而阻碍你目标的实现。即使客户拒绝给你订单，也要迫使客户尊重你，让客户因你自信且乐观的情绪而佩服你。

销售是一种服务性的职业，可以给客户带来更多的便利，同时销售人员也在成交中获得客户的认可和尊重。所以，成交这件事并不一定要和低声下气、饮酒抽烟有关。这之中也没有逢迎谄媚，以及贿赂和私下交易的事情，千万不要认为一名销售员需要向别人鞠躬作揖才能完成一笔生意，如果有了这样的想法，那就大错特错了，是没有把握住销售人员应该具有的良好姿态以及对此项工作的正确理解。

有的时候，当业务看起来似乎大势已去时，有些销售员常为了不想一事无成地失望回家而干脆降格以求，他甚至会向客户请求说："请你帮我这个忙吧，我必须养家糊口，而且我的销售成绩远远落后于别人，如果我拿不到这个订单，我真的不知道该如何面对我的老板了。"这种方式不但对销售员本身有害，它也是这个行业的致命伤。当一名销售员提出这样的要求时，只能导致客户看不起他，这种厌恶情绪甚至会波及其他销售员。

要知道，只有你看得起你自己，客户才会信赖你。表现得懦弱、唯唯诺诺，根本就不会得到客户的好感，反而会让客户大失所望。试想，你对自己都没有信心，别人又怎么可能对你销售的产品有信心呢？

自信是成功的关键。每一个成功的人都是在自信当中取得结果，当他更加自信的时候就会创造出更多的结果，从而真正获得成功。所以你想获得成功一定要让自己先获得自信。同样，最重要的是要推销产品就是推销自己，你连你自己都不相信，你怎么可能让别人相信你?

要想成功一定要先有自信。销售是一种能力，但更是一种思想状态，你为什么不敢向客户推销，因为你害怕被拒绝。所以你头脑里面本身就想错了，你应该想他会成交，你应该想他会买，你应该想顾客很乐意购买我的产品，你应该想我面前的顾客一定会买我的产品，你应该大声对自己说：每一个顾客都很乐意购买我的产品，每一个顾客都很乐意购买我的产品，每一个顾客都很乐意购买我的产品。你必须把自己的思想改造成这个样子，坚信别人会买。

你的思维模式和想法改过来，你的行动力就变强了，你的成交能力也会随之变强。所以，面对客户的时候，不论客户摆出何种的态度，销售人员都必须要摆正自己的姿态，对自己所从事的职业有一个较为理性的认识，认识到自己工作的价值和意义，体会到为自己的理想而努力奋斗所带来的乐趣，从而全身心地投入到自己的工作中去。

当今顶尖成功学家布莱恩·崔西也是一名杰出的推销员。在从事推销工作之前，布莱恩·崔西是一位工程师，当他放弃舒适的工程师工作，成为一名推销员后，体会到了一种前所未有的挫败感，因为那时人们普遍对推销员有一种排斥心理，初入道的新手根本不知道该如何化解客户的这种情绪。

有一次，布莱恩·崔西向一位客户进行推销。尽管这位客户是一位朋友介绍的，但当他们交谈时，布莱恩·崔西仍然能感受到对方那种排斥心理，这个场面让他非常尴尬。“我简直就不知道是该继续谈话还是该马上离开。”布莱恩·崔西在提到当时的情景时说。

后来，一个偶然的机会，布莱恩·崔西发现了自己挫败感的根源在于不敢承认自己推销员的身份。认识到这个问题后，他下决心改变自己。于是，每天他都满怀信心地去拜访客户，并坦诚地告诉客户自己是一名推销员，是来向他展示他可能需要的商品的。

“我曾经在欧洲参加过一个研讨会，并进行了推销讲座，那时遇到的最大阻力就是人们对推销员的认知极低，人们对推销工作以及推销员非常冷漠，甚至缺乏应有的尊重，而在其他许多国家也同样存在着这种情况。”布莱恩·崔西承认当时的事实，但并不代表他会因此屈服。

“在我看来，人们的偏见固然是一大因素，但推销员自身没有朝气，缺乏自信，没有把自身的职业当作事业来经营是这一因素的最大诱因。”布莱恩·崔西说，“其实，推销是一个很正当的职业，是一种服务性行业，如同医生治好病人的病，律师帮人排解纠纷，而身为推销员的我们，则为世人带来舒适、幸福和适当的服务。只要你不再羞怯，时刻充满自信并尊重你的客户，你就能赢得客户的认同。”

同时，布莱恩·崔西还提到了另一个因素——心态问题。比如看到一个杯子里装有半杯水，悲观的人会说：杯子里面只有半杯水。而乐观的人并不这样认为，他会说：还好，里面还有一半水。虽然他们描述的是同一件事物，但前者的态度是失望，后者则是充满希望。

“乐观者在每次困境中都可以看见转机，而悲观者却在每次机会中发现困境。”布莱恩·崔西说，“毫无疑问，一名乐观者往往比悲观者成功的机会大得多。”

“现在就改变自己的心态吧！大胆承认我们的职业！”布莱恩·崔西呼吁道，“成功永远追随着充满自信的人。我发现获得成功的最简单的方法，就是公开对人们说：‘我是骄傲的推销员。’”

“相信自己，你也能成为推销赢家。”这是布莱恩·崔西的一位朋友告诉他的，布莱恩·崔西把它抄下来贴在案头，每天出门前都要看一遍。后来，他的愿望实现了。

无论你取得了什么样的成就，关键是看你用什么样的态度去努力成交。你的心有多高你就会飞多高，如果你认为你行那你就行，如果你觉得不行那你就不行，成败往往在一念之间。一个人能否成功，就看他对待事业的态度。成功人士与失败人士之间的区别就是：成功人士始终用最积极的思考、最乐观的精神和最辉煌的经验支配和控制自己的人生。失败者刚好相反，他们的人生是受过去的种种失败与疑虑所引导和支配的。

没有什么事情做不好，关键是你的态度问题，事情还没有开始做的时候，你就认为它不可能成功，那它当然也不会成功，或者你在做事情的时候不认真，那么事情也不会有好的结果。没错，一切归结为态度，你对你的事业付出了多少，你对你的事业采取什么样的态度，你就会成交什么样的结果。

第六章　打动人心，把话说到客户心里去

用“幽默之钥”打开客户的心门

心理学家认为：幽默是一种最富感染力、最具有普遍传达意义的交际艺术。幽默在人际交往中的作用是不可低估的，俗话说“笑一笑，十年少”，人们大多喜欢和具有幽默感的人交往，因为他们能给人带来一种心灵上的愉悦和轻松。对于销售员来说，要想在市场上来往穿梭，游刃有余，不仅要有良好心态、专业知识、专业技能，还要有幽默的语言和幽默的动作，让客户在欢笑中喜欢你，接受你的服务；让客户在快乐中欣赏你，购买你的产品。

一名房地产经纪人领着一对夫妇向一栋新楼房走去，他准备拿下这几天来的第一笔单子。一路上，他为了推销这套房子，一直喋喋不休地夸耀这栋房子和这个居民区。

“这是一片多么美好的地方啊，阳光明媚，空气洁净，鲜花和绿草遍地都是。这儿的居民从来不知道什么是疾病与死亡。”

就在这时，他们看见一户人家正在忙碌地搬家。这位经纪人马上说：“你们看，这位可怜的人……他是这儿的医生，竟因为很久一段时间都无病人光顾，而不得不迁往别处开业谋生了！”

一时间，这对夫妇捧腹大笑，原来绷紧的脸放松下来，与地产经纪人热情地聊起来。后来，双方果然签了一笔单子。

有时小小幽默，却能发挥出莫大的效果!上例中聪慧的销售人员通过幽默化解了尴尬，产生了出其不意的效果，打动了客户。如果你能让客户开怀大笑，你就能赢得客户，这就是幽默的力量。

在销售中，交易的本身容易让客户充满戒备与敌意，如果销售员能够适当运用幽默的技巧，就可以消除客户的紧张情绪，使整个商谈过程变得轻松愉快，充满人情味。所以，幽默的销售员更能获得客户的欢迎，取得他们的信任，促使交易走向成功。

日本推销员之神原一平曾有这样的经历：

原一平：“您好！我是明治保险公司的原一平。”

客户：“喔……”

对方端详原一平递过来的名片后，抬起头来慢条斯理地说：“两三天前曾来过一个什么保险公司的推销员，他话还没讲完，就被我赶走了。我是不会投保的，你多说也无用。我看你还是快走吧，以免浪费你的时间。”

原一平：“真谢谢您的关心！您听完我的介绍之后，如果不满意的话，我当场切腹。无论如何，请您拨点时间给我吧！”他一本正经，甚至还装着有点生气的样子。

对方听了忍住不哈哈大笑说：“你真的要切腹吗？”

“不错，就像这样一刀刺下去……”他一边回答，一边用手比画。

客户：“你等着瞧吧，我非要你切腹不可。”

“来啊！既然怕切腹，我非要用心介绍不可啦！”话说到此，原一平脸上的表情突然从“正经”变成鬼脸，客户和原一平都不由自主地大笑起来。

在特定的环境下，原一平用以“死”相逼的夸张手法，制造了一个喜剧化的场面，打破了僵局，不能不说是运用幽默的杰作。由此可见，销售员爽朗的性格和幽默的谈吐都是赢得顾客好感的极其重要的因素。

幽默可以说是销售成功的金钥匙，它具有很强的感染力和吸引力，能迅速打开客户的心灵之门，让客户在会心一笑后，对你、对商品或服务产生好感，从而诱发购买动机，促成交易的迅速达成。所以，一个具有语言魅力的人对于客户的吸引力简直是不能想象的。

一位销售人员去拜访一位企业的经理，这位经理当时不知为什么火气特别大。当这位销售人员恭恭敬敬地递上名片时，这位经理瞧了一眼，就吼道：“我不买保险，走开！”说着把名片撕碎扔进了纸篓。

这位销售人员并没有反唇相讥，而是继续微笑着，不卑不亢地说：“您可以不买保险，但不能撕我的名片，因为我的一张名片是花一角钱印的，你必须按价赔偿。”

这位老板气得用颤抖的手掏出一把钱，拿出一张面值最小的五角钱扔给销售员说：“这次你可以走了吧？”

这位销售人员看了看，说：“对不起，我没有四角钱找您，我不想占您的便宜。这样吧，我再给您四张名片。”

一席话倒把这位经理说乐了。

幽默的人走到哪里就会将笑声带到哪里，如果你是一个幽默的销售员，那么在整个交易过程中，将会给客户带来很多快乐，使客户倍感轻松。所以在销售过程中，不妨在适当的时机来点小幽默，缓和与客户之间对立的气氛，更快地达到彼此合作的目的。

真诚赞美，满足客户的自尊心

常言道："美言一句三冬暖"。赞美的力量是巨大的，心理学家认为，大多数人都喜欢听漂亮话，喜欢被人赞美，有时候明明知道这些赞美之辞都是言不由衷的话，但仍喜欢听。因为人是虚伪的动物。在销售中，如果能适当地恭维顾客，给他一顶高帽子戴戴，一旦他飘飘然，那你的销售就一定会成功。

小张的销售工作是向饭店推销酱油、醋等调料。

有一次，小张去一家新开张的小饭店推销，服务员领他去见老板。当时，老板正和厨师们包饺子，小张忙上前微笑着说："呀，老板，连您都亲自下厨忙活了？看来饭店生意真挺火啊！"

老板见了他这个陌生人先是一愣，然后嘴就不由得咧开了。小张环顾了一下厨房四周，又接着说："老板，这厨房收拾得太亮堂了，就连锅台都雪白得照人，难怪顾客都愿来这儿吃饭呢！"

老板听完这番话，更开心了。他放下手里的活儿，解下腰间的围裙，迎着小张走来，说："老弟，你真有眼力，看来我的装修钱没白花呀！"

老板笑了，问道："老弟，有啥事求大哥？"这时小张才说明了来意，买卖成交也自在情理中了。

显然，在上面案例中的销售人员小张就是通过赞美赢得客户的。真诚的赞美顾客，这是令顾客"开心"的特效药。适时地向客户传递你的赞美和钦佩之意，使客户感觉受到了你的重视和欣赏，这样就很容易捕获客户的心，使客户信赖你，喜欢你，倾心于你。

有一位自我感觉非常良好的老总对自己的个人形象非常看重，觉得自己能力很强，也很优秀。于是他便经常摆出一副冷冰冰的面孔，让人感觉很难接近。有一位销售人员听说了这位老总的脾气不好之后，在一次与该老总合作时，一见面就说："××总，您好，很早就听别的同事夸您，说您是个很爽快的人，办事也特别有能力，还很会关照我们这些在底下办事的销售人员，这次能够和您合作，实在是倍感荣幸。"听完这番话，那位老总脸上马上露出了笑容，并愉快地接待了这位销售人员。

这位销售人员的成功之处就在于他正确地赞美了那位客户，使得那位客户放松了戒备，试想有哪个人会让夸奖自己的人难堪呢？

真诚、真切的赞美总会让客户感觉开心，感觉愉快。这样销售人员在与客户谈业务的时候，就更容易达成默契，形成合作关系。

每个人都希望得到别人的称赞和关心，客户也是如此。适当赞美一下你的客户，是唤起客户注意的有效方法。每当你赞美客户的成就、特质和财产时，就会提高他的自我肯定，让他更得意。只要你的赞美是发自内心的，别人就会因为你而得到正面肯定的影响，他们对你产生好感，他们会增加对你的满意度。

但是销售人员一定要清楚：对客户的赞美并不是溜须拍马，也不是阿谀奉承，而是真正的发自内心的赞美。虽然赞美和拍马屁都在对对方进行颂扬，也是为了博得对方的好感，但是赞美不会伤害自己的尊严，而拍马屁则通常是建立在不自尊自爱的基础上的。如果你的赞美完全是为了拍马屁，当客户感觉你的话中有明显的“拍马屁”成分时，反而会招致客户的反感，更加剧客户对你的戒备。

曾经有一名销售人员与客户吃饭，整整三个小时，销售人员全部用来阿谀奉承客户，“你了不起！”“你生意做得大！”“你为人好，大家一致好评！”“你这里，我们最放心！”“你是我们学习的榜样！”……客户听了，有些反感，三个小时就这样过去了，什么都没有谈成，这就是“赞美”得有些过火的结果。

好的赞美会大大拉近与客户的距离，促进销售，但是不合适的赞美只会让客户觉得虚伪、做作和不舒适。

在表扬或称赞客户时，销售人员要谨慎小心，注意措辞，尤其要掌握以下几个技巧：

1.赞美千万不要过头，否则会令客户生厌。赞美时要适可而止，千万不要过头。过分的赞美客户会觉得你不真诚，就会减轻对你的信任度，甚至会对你生厌。这样就适得其反了。

2.观察异点赞扬客户。赞扬客户时，观察发现他异于别人的不同之点来进行赞扬，这个技巧应用得好，一定会取得出乎意料的效果。

3.赞美要挠到客户的“痒”处。赞美一定要是客户所喜爱的东西，是他引以为豪的，若乱加赞美不会激起客户的心动。

总之，贴切的赞美往往会迅速缩短销售人员与客户之间的心理距离，从而达成有效销售的目的。鼓励和赞美你的客户，使客户有一种满足感和成就感，把他当作你的知心朋友，一生一世的朋友，这对你的销售工作有着不可估量的作用。

耐心倾听，满足客户倾诉的心理

许多人认为，销售人员的功夫主要靠“铁齿铜牙两片嘴”，卖弄的是嘴皮子。其实，在现实销售工作中，那些讲话滔滔不绝、才华横溢、聪明绝顶的销售人员却不能够成为销售冠军，而是那些善于倾听、大智若愚的销售人员夺取了桂冠。

据一项权威调查，在最优秀的销售员中，有高达75%的人在心理测验中被定义成内向的人，他们行事低调、为人随和，能够以客户为中心。他们十分愿意了解客户的想法和感觉，喜欢坐下来听客户的谈话，他们对听话的兴趣往往比自我表述更强烈，而这些正是他们赢得客户的秘诀。

心理学认为，在与人沟通的过程中，表达往往是以自我为中心，是重视自己的感觉；而倾听则是以对方为中心，是对他人的重视和尊重。因此，这二者所带来的效果是完全不同的。

倾听是了解客户需求的第一步。销售不是要“喋喋不休”或“高谈阔论”，而是要拿出更多的精力来听。你要善于听取客户的要求、需要、渴望和理想，善于听取和收集有助于成交的相关信息。乔·吉拉德曾经告诫销售员说：“不要过分地向客户显示你的才华。成功推销的一个秘诀就是80%使用耳朵，20%使用嘴巴。”作为销售人员，你要知道，有时候听比说更重要。

有一次，王铮和另一位销售员去见客户李先生。李先生讲话不多，但为人精明。他早年从事纸张推销，经过多年奋斗成为纸张批发商，后来又开办造纸厂，成为纸张生产与批发业中的领袖级人物。

彼此寒暄几句后，进入正题。一开始，王铮向他讲解他所拥有的产业与税收之间的关系，可他低着头，不看王铮一眼。王铮看不到他脸上的表情，连他是否在听也无法知晓。于是，王铮只讲了3分钟便停了下来，靠在椅背上等着，接下来是尴尬的沉默。

王铮那位同事如坐针毡，难以忍受沉重的静默。他担心王铮失败，便急于想打破僵局。可他正准备说话时，看见王铮在摇头，便明白了王铮的意思，没有开口。

这样窘迫地又沉默了1分钟。李先生抬起了头，王铮没理他，只是悠然地倚在椅背上等他开口。

彼此对视，良久无语。王铮知道自己必须沉住气，只要等的时间足够长，对方总要先打破僵局。

李先生终于开口了，他平日不善言谈，这次却说了足足半个小时。他说的时候，王铮尽量不插嘴。

等他说完了，王铮说："李先生，您讲的话对我很有帮助。您告诉我这样一个事实：您比大多数人都有思想。最初，我来的目的是想帮您这位成功人士解决问题，通过与您的交谈，我明白您已经花了两年时间来准备解决这一问题。尽管如此，我还是很乐意花些时间帮您更好地解决这些问题。我下次来时，一定会带来一些新的想法。"

此次见面的开局不好，但结尾却令人满意。李先生对王铮认真倾听的谦虚态度及独到见解的印象很好，双方后来终于达成了合作项目。

有经验的销售员都非常注意倾听客户的谈话。真诚的倾听不仅仅是对客户应有的尊重，也是一种策略。我们在聆听客户说话的过程中，可以通过他的语言分析他的心理、他的顾虑，通过客户说话的语气、语调来判断其心理的变化，从细微处了解客户的消费习惯与个性，了解客户对我们的产品和服务的满意的和不满意的地方，因此便能够有针对性地说服顾客，最终达成让对方满意的交易。

美国最知名的销售训练讲师布莱恩·崔西曾因为认真倾听获得了意外的一笔大单。

在1959年7月的一天，他没有用什么特别的技巧，甚至没有说几句话，就说服了一位女士为她的11个儿子买了11项储蓄保险。布莱恩·崔西是怎么做到的呢？

原来，这位女士的丈夫刚发生车祸去世，在这位女士详细地描述车祸和她家庭情况的时候，布莱恩·崔西只是很有耐心地听完她说的话，并在中间只安慰她一两句，在耐心倾听完这位女士说完后，布莱恩·崔西建议她购买这些保险，因为即便这位女士在将来没有固定的收入，购买保险后，孩子的教育和未来也不至于无以为继。

最后，这位女士很快就帮孩子们购买了保险，而那次，布莱恩·崔西也获得了比他当工程师时3个月薪水还高的佣金。

崔西很疑惑自己怎么会这样轻而易举地就获得一笔不小的订单，后来他的经理点醒了他，原来，很大原因是他当时的默默倾听成就了一笔大单。

最优秀的销售员，不一定是最能说的人。老天给我们两只耳朵一个嘴巴，本来就是让我们多听少说的。善于倾听，才是一名优秀销售人员最基本的素质。

大多数的人都喜欢“说”而不喜欢“听”，特别是没有经验的销售人员，认为只有“说”才能够说服客户购买，但是客户的需求、客户的期望都是由“听”而获得的。你如果不了解客户的期望，你又如何能达成你取得订单的期望呢?

销售人员在运用倾听技巧时，要注意以下几点:

1.倾听要专注。与客户说话时，不可做一些与此无关的事情，这是恭敬的表示，而且当客户偶然问你一些问题，你就不会因为不留心听他所说的话而无从回答了。

2.善于运用体态语言。倾听时，要注视客户，表现出全神贯注的神情。身体要向对方微微前倾，适当地运用一些表示恳切的微小动作，如点头、微笑、轻声附和，避免呆若木鸡的神情。这个时候，千万不要做无关的动作，看表、修指甲、打哈欠、伸懒腰等都是不合时宜的。

3.适当地插话。聆听时，偶尔插上一两句赞同的话是很好的，不完全明白时加上一个问号也是非常需要的，因为这正表示你对客户的话留心。但是，你不可以把发言的机会抢过来，就滔滔不绝地说自己的，除非对方的话已告一段落，该轮到你说话时才可以这样做。

4.及时总结归纳客户观点。在倾听客户谈话时，销售员切不可一味地接收信息，还要及时将这些客户信息加以整理和总结，并在适当的时候传递回客户那里，以检查倾听的效果，避免歪曲或误解客户的观点。另外，这种及时的反馈也让客户有受重视的感觉，从而使他们更愿意发表意见，传达内在信息。

5.适当地提问。适当地提问可以表明你正在用心地听。这可以满足客户的虚荣心，使其更有兴致谈下去。若做"永远"的听众，而不发一言，不仅与欢愉的气氛格格不入，也会使对方失去交谈的兴致。很多事实证明会提问题的人，在谈话以后都被对方认为是会说话的人，而并不在意他实质上什么也没说。

在销售过程中，销售人员最有效、最重要的沟通原则与技巧是成为一位好听众。如果销售人员能专注倾听客户说话，自然可以使客户在心理上得到极大满足与温馨，有利于促使销售成功。

投其所好是最有效的销售进攻

如果你想打动客户的心，就要在心理上拉近与客户的距离，最好的办法就是投其所好，寻找共同感兴趣的话题。在销售中，有一些销售新人，往往会一上来就滔滔不绝地为客户讲述自己的产品、自己认为自己的产品与众不同之处、自己认为自己的产品能给客户带来的利益等，但客户不想听这些。相反，如果你能与客户聊他们感兴趣的话题，就可以使交谈变得活泼融洽。等到客户对你产生亲近之意后，再谈销售的事情就比较容易了。

厨房用品销售员克莱德，很想在一家大型商场里举办一次整体厨房用品促销活动。然而，他已经提出拜访商场主管八次了，眼看着距离自己预期的活动时间已越来越近，但商场主管还是没有理会他，并且拒绝见他。

无奈之下，克莱德只能寻求其他接近商场主管的办法。经过多方打听，克莱德得知这位主管是个超级篮球迷，并且还是凯尔特人队的忠实球迷。于是，克莱德通过商场主管的秘书，递了一张纸条给主管："下周的比赛，肯定是马刺队大胜凯尔特人队。"没曾想，五分钟不到，商场主管就让秘书请他进其办公室。

克莱德一进门，商场主管就对他嚷道："马刺队怎么可能会赢！我认为一定是凯尔特人队大胜马刺队。"克莱德听主管说完后，才说出自己的见解，并且认为凯尔特人队下周肯定赢不了马刺队。主管听得非常认真，兴致勃勃。这个时候，他们根本就没有谈促销的事情。在谈了两个多小时之后，克莱德才起身告辞，并且拿出了一张门票递给主管说："票就在这里，抽个空，我们一起去看看这场比赛，看谁的预测准确，你认为意下如何？"商场主管很高兴地收下了门票，并且还一个劲地坚持自己的判断肯定不会错。

告别时，手上拿着克莱德送的门票的商场主管忽然对克莱德说："听说你准备在我的商场里举办厨房用品促销活动？这样吧，我们一起好好策划策划。弄完了这事以后，我们再一起去看球赛，我要你和我亲眼目睹我的凯尔特人队是如何狂胜你的马刺队的！"很快，这次的厨房用品促销活动圆满举办。克莱德和主管也成了很要好的朋友。

投其所好是打开对方心门的技巧，要想把产品顺利地卖给客户，最重要的是搞清楚客户的兴趣之所在。了解了客户的兴趣后，以此作为突破口进行商谈，很容易就能取得成功。调查表明，大部分客户在购买商品时，都是根据以往的经验进行选择，余下的客户则是根据商品对他们未来生活可能造成的影响，以及他们自身对这种改变的内在感受进行选择。对于前者来说，无论你怎样花言巧语，都无法鼓动他们去掏腰包；而对于后者，只要抓住他们的兴趣爱好以及内心的所想所需，说服他们是完全有可能的。

每个人都有自己感兴趣的话题，或者是自己擅长的领域，或者是最近期望了解的东西，或者是利益所在。销售人员必须准确判断客户的兴奋点是什么，对哪些话题感兴趣，然后主动围绕着这些话题展开对话，让对方接受你。

销售人员要想迅速地接近客户，与客户建立良好的人际关系，就要尽早找出双方共同感兴趣的话题，在拜访之前先收集信息与资料，尤其是在第一次拜访时，事前的准备工作一定要充分。

李林在推销策划案这一方面特别厉害，一般只要他认为是好的策划案，他总能找尽各种办法来说服对方公司的领导接受他的策划案。但这一次，他却碰到钉子了。对方公司新换了领导，新来的经理是一个比较冷硬死板的人，每次李林满怀期待地打电话过去询问他是否需要这个策划案时，得到的总是冷漠地拒绝。

不过李林没有放弃，他想总有办法能打动经理。既然靠策划案本身的优势无法推销出去，那么就只能从这个经理身上下手了。李林把这个经理的行程打探清楚，发现他经常参加书法活动，是书法协会的会员，因为书法了得，还当选为书法协会的主席。为此李林开始了解书法方面的知识。

在一次书法展览会上，李林看到那位经理正在专心致志地看一幅书法作品，便走到他旁边说："这幅作品笔触苍劲，挥洒自如，一勾一划之间都充满无穷韵味。"经理转身看了看，原来是之前一直来找他推销策划案的李林。

经理一脸惊奇："你对书法也有研究?"

李林谦卑地笑笑，说道："没什么研究，只是平时没事喜欢看看而已。"

于是，两人开始谈论展会上的书法作品，再接着聊到书法协会的事情。没想到一向沉默寡言的经理，聊起书法来居然滔滔不绝。两人聊了好久，感觉都意犹未尽。那天李林一句有关策划案的话都没提，可是第二天他就接到对方公司的工作人员打来的电话，让他把策划案的详细资料送过去。李林的策划案本来就做得不错，加上经理在书法展览会上和他聊得很投机，所以李林很快收到了对方公司的答复，经理接受了李林的策划案。李林听到这个消息，高兴地笑了，自己花了这么长时间来研究经理的兴趣，现在总算有收获了，自己的努力总算没有白费。

一次谈话，不仅谈成了生意，而且拓展了潜在的业务。上例中李林的成功之处就在于发现了对方的兴趣爱好，找到了与客户说话的共鸣点。所以说，要使客户喜欢你，原则上是要拿客户感兴趣之事当话题，让他感觉到自己的重要。在满足客户的自尊心之后，销售活动就迎刃而解了。

古人云：酒逢知己千杯少，话不投机半句多。只要抓住了对方的兴趣，投其所好，不仅不会“半句多”，而且会千句万句也嫌少，越谈越投机，越谈越融洽。美国纽约银行家杜威先生说道：“我仔细研究过有关人际关系的丛书，发现必须改变策略，我决定去找出这个人的兴趣，想办法激起他的热忱。”所以，要想客户对你的产品感兴趣，首先你要说一些让其感兴趣的话题，先拉近你和客户之间的距离。

以谦逊的姿态向客户请教问题

真诚地请教对方往往是打开交际大门的一把钥匙，因为在某种程度上，请教就意味着赞美和承认。

通常人们都会向比自己高明的人请教，换句话说，当你向别人请教问题的时候，就相当于在心理上认同了被请教对象是一个比较高明的人物，或者是一个专业人士，这样做会产生什么效果呢？

我们看看下面这个事例：

刘洋是一名电脑推销员，一次向一家规模不小的公司推销电脑。竞争相当激烈，但是由于他跑得勤，功夫下得深，深得承办单位的支持，成交希望非常大，到最后，只剩下两家公司，等着做最后的选择。承办人将报告呈递总经理决定，总经理却批送该公司的技术顾问——电脑专家陈教授咨询意见。于是，承办人员陪同陈教授再次参观了两家厂牌的机器，详细地听取了两家的示范解说，陈教授私下表示，两种厂牌，各有优缺点，但在语气上，似乎对竞争的那一家颇为欣赏，刘洋一看急了，"难道煮熟的鸭子要飞了！"

于是，又找个机会去向陈教授推销。使出浑身解数，口沫横飞地辩解他所代理的产品如何的优秀，设计上如何的特殊，希望借此纠正陈教授的观念。最后，陈教授不耐烦地冒出了一句话："究竟是你比我行，还是我比你懂？"此话一出，这笔生意看样子是要泡汤了。

刘洋垂头丧气，一位推销专家建议："为什么不用请教的策略呢？"并向他说明了"请教"的技巧——要抱着谦虚、尊敬、求教的心情去见客户。

刘洋重整旗鼓，到陈教授执教的学校去拜访，见了面，如此这般地说："陈教授，今天，我来拜访您，绝不是来向您推销。过去我读过您的大作，上次跟您谈过后，回家想想，觉得您分析得很有道理，指出了我们所代理的电脑的缺点，确实有些特征比不上别人。陈教授，您在××公司担任顾问，这笔生意，我们遵照您的指示，不做了！不过，陈教授，我希望从这笔生意上学点经验。您是电脑方面的专家，我们代理的这种产品，将来应如何与同行竞争，才能生存？希望能听听您的高见。”刘洋说话时一脸的诚恳。

陈教授听了后，心里又是同情又是舒畅，于是带着慈祥的口吻说道：“年轻人，振作点。其实，你们的电脑也不错，有些设计就很有特点。唉，我看连你们自己都搞不清楚，比如说……”于是，陈教授讲了一大通。“此外，服务也非常重要，尤其是软件方面的服务，今后，你们应该在这方面特别加强。”陈教授谆谆教导，刘洋洗耳倾听。

这次谈话没过多久，生意成交了。对这次推销，帮忙最大的，还是陈教授，他对总经理说，这两家公司的产品大同小异，但他相信刘洋公司能提供更好的服务，最后，总经理采纳了陈教授的意见，一笔快泡汤的生意又做成了。

通常来说，人们不会拒绝一个虚心请教的人，而销售人员如果以客户比较擅长方面的问题进行请教，客户更会乐于解答，因为这给了客户一个很好地展示自己专长的机会。这种方法很容易拉近与销售人员的距离，有助于销售工作的顺利进行。

很多时候，请教就相当于赞美。在推销时，去赞美客户的能力、知识等高人一等，就是让对方产生一种满足感，并且往往还会据此来重新审视你向他们推销的产品，这时候他们购买的概率也就大大提高了。

一个推销员向杂货店老板推销洗衣粉。

杂货店老板是一位老大爷，生性孤僻，顽固保守。推销员想好了一大堆话，正要开口，这位老大爷便断喝一声："你来干什么？"犹如平地打了个焦雷。

推销员一怔，随即变换了说话内容："大爷，您猜我今天是来干什么的？"

老大爷不客气地回敬说："你不说我也知道，还不是向我推销你们那些破玩意儿。"

推销员一听，哈哈大笑："您老人家聪明一世，糊涂一时，我今天可不是来向您推销的，而是求您老人家向我推销的。"

老大爷一听愣住了："你要我向你推销什么？"

推销员回答："我听说您是这一地区最会做生意的，洗衣粉的销售量很大，我今天是来讨教一下您老人家的推销方法的。"

老大爷活了一辈子，从未有人登门求教，心中很是高兴，于是便兴致勃勃地向推销员大谈其生意经，直到推销员起身告辞才住口。推销员刚走到门口，老大爷忽然想起什么似的大声说："喂，请等一等，听说你们公司的洗衣粉很受欢迎，给我订30箱。"

这位推销员采用向客户请教的方法，极大地满足了老大爷自尊的心理需求，赢得了他的好感，从而推销了商品；反之，如果推销员一开口就向老大爷兜售洗衣粉，恐怕早就被轰出门外去了。

在销售中，虚心求教客户是一个屡试不爽的方法。以谦逊的姿态向客户请教问题，满足客户的教导欲，这样沟通起来将会事半功倍，从而有利于销售的顺利实现。

“三人行必有我师。”其实，任何人都会有一些值得我们学习的地方，我们只需要通过仔细的研究，认真地把它挖掘出来，并真心地加以请教，就会受益无穷。

第七章 进行心理诱导，让客户不知不觉说“是”

巧妙提问，让客户跟着你的思维走

虽然销售是一门说服的艺术，但是如果销售人员只会“说”，而不懂得“提问”，销售工作就会陷入泥潭。

如果销售员不会提问将会带来何种局面呢？看看下面这个事例：

销售员：早上好，魏经理，很高兴见到您。

魏经理：你好，有什么事吗？

销售员：魏经理，我今天来拜访您的主要目的是给您带来了我们最新研究出来的高智能A100型号的设备，我知道您一定很希望您的企业生产成本降低，收益提升。

魏经理：是啊，但你们公司的产品能管用？

销售员：那当然，魏经理，这项设备是引进的德国SA技术，它的制造效率是普通设备的2倍，而且比一般设备的单位能耗要低20%。另外，这款产品的操作平台非常人性化，操控性能很稳定，安全性能非常好。还有就是安装了自检系统，这样，就不需要经常耗费大量人工来检查，节省大量的人力成本。

魏经理：不错，那这款产品已经应用在哪些行业呢？

销售员：主要是挖掘机制造、油田开发等领域。

魏经理：一套系统大概需要多少钱？

销售员：仅需要人民币20万。

魏经理：是吗？我知道了。这样吧，你把资料放下，我先了解一下，回头给你电话。

销售员：魏经理，我们的设备荣获了国家设备制造金奖，每年销售量近一个亿呢。

魏经理：我知道了。我们公司需要研究一下才能给你电话嘛。再见！

上例中的这位销售员只是一味地介绍产品，光说不问，结果失去了客户。

世界级销售培训大师布莱恩·崔西说：“如果你能提问，就永远不要开口说。”正确的提问才能引起客户的注意，引发客户的思考，掌握主动，取得销售成功。美国一份关于公众对销售人员评价的调查报告显示，人们最讨厌的销售员的形象就是：一见面就喋喋不休地谈自己的产品与公司，千方百计想向顾客证明自己的实力与价值。当销售代表的陈述一旦停下来，顾客就会开始反击，提出销售代表主观的甚至幼稚片面的问题。因此，提问在销售过程中尤其是在大生意的销售过程中将起着越来越重要的作用，但正确的提问才能实现更多的销售。

销售的秘诀在于提问。提问不仅是一种弄清所谈论话题的最佳方式，而且也是一种确认谈话双方都能理解彼此看法、期望与需要的最佳方式。通过提问，销售员可以了解客户是否完全理解自己的意图，而利用反馈提问，又可以确认自己有没有听错客户的意思，以保证自己与客户之间进行良好的双向沟通，并使销售沟通过程中可能出现的问题降到最低程度。

有一对夫妇走进一家家用电器商场，打算看看电冰箱。

导购小姐热情地上前接待了他们。

“先生家里有几口人？”

“5口人。”

小姐又转过身来问太太：“太太是隔日买菜呢，还是每天都上市场？”

太太笑而未答，销售员并未放弃，继续热情地为这位太太做了个“选择答案”：

“听说有人一星期买一次，有人3天买一次。太太您喜欢哪一种买法呢？”

“我想3天买一次更好些吧。”

“家里常来客人吗？”

“有时候。”

“在冰箱里储存些食品，既可以保鲜，又可以应付突然造访的客人。”

这时看到丈夫蹲下来查看冰箱放啤酒的空间。

导购小姐马上说：“先生，喜欢喝啤酒啊？在夏天，您可以一次买上一打，早上上班前放几瓶到冰箱里，每天晚上下班回家后您就能喝到冰镇啤酒了。嘿，喝一口，那个冰爽劲儿，真是种享受啊！”

导购小姐又问太太：“太太，您看这个能够容纳3天的鱼肉蔬菜吗？”

“可以，可以，刚刚好。”

导购小姐又继续为这对夫妇勾勒了一幅动人美景：“夏天的冰镇啤酒、西瓜、汽水、软包装饮料，解暑可口；冬天随时可以取出青嫩的蔬菜和新鲜的鱼肉。尤其是用上电冰箱可以节约买菜的时间，也可以省下不少的菜钱，还可以从容不迫地招待那些突然登门的客人，真是一举数得啊！”

紧接着，导购小姐又问：“先生住在哪儿？离这儿远吗？”

“不太远，就在附近。”

“那么是今天送到府上，还是明天一早给您送去好？如果今天送去，明天就可以放进很多新鲜蔬菜和鱼肉啦！”

太太：“还是明天吧。我们要先腾出地方来。”

从这个案例可以看出，销售员通过不断提问，在摸清了客户的真实需求之后，顺利达成了交易。因此，销售人员必须学会提问，要让客户有机会吐露自己心中的真情实感，这样，销售人员不仅能够透彻了解客户的问题，而且能够消除客户心中的疑虑。

事实证明，销售员通过巧妙地提问，就能使客户说出他们对购买销售员推销的产品或服务犹豫不决的真正原因是什么，以及他们最大的顾忌又是什么。一旦客户向销售员敞开心扉，说出自己的顾忌，销售员也就真正了解了客户拒绝购买的潜在原因，也就知道该如何妥善解决这些问题。

催眠式引导，让客户在开始时就说“是”

心理学上发现，如果销售人员能够连续地问客户6个问题并且让对方回答6个“是”，那么第7个问题或要求提出以后，客户也会很自然地回答“是”。这就是所谓的“6+1”成交法。

为什么会出现这样的情况呢？因为对方已形成一种惯性。每当你提一个问题而对方回答“是”的时候，就增强了对方的认可度，而每当你得到一个“不是”或者任何否定答案时，也就降低了对方对你的认可度。在销售中，我们也可以利用这个方法，不断提出问题，引导客户说“是”，直到销售成功。

销售人员：“今天的天气真不错啊。”

客户：“是啊。”

销售人员：“您住的小区的绿化搞得真好。”

客户：“嗯，是的，住在这样的小区里，每天都能呼吸到新鲜的空气。”

销售人员：“您家阳台上的那盆花是您养的吧，真漂亮。”

客户：“那是我在日本旅游时带回来的，没有想到这种花在中国也能长得这么好。”

销售人员：“日本还有这么漂亮的花，真让人羡慕。”

客户：“是啊，在日本这种花不怎么贵，但是在国内，这种花就贵得吓人了，一盆这样的花要好几千呢。”

销售人员：“我是某保健品公司的销售人员，这里有一些保健品的宣传册，请您看一看。”

客户：“是吗？”

客户把销售人员递过来的宣传册拿在手里开始翻阅，此时销售人员又说：“我可以给您解释一下吗？”

客户：“好的。”

销售要是到了这样的地步，那么成功的可能性就有了。这位销售人员之所以会问客户那么多的问题，就是想利用客户的惯性思维。因为客户在说了多个“是”字之后就具有了一种惯性思维，要让客户在接下来的谈话中打破这种惯性思维就不是那么容易的，所以销售人员如果能利用好这种惯性思维，那么成功就在眼前。

销售员：“请问一下，您是否认同高效的生产率是获得利润的最主要的因素？”

客户：“当然了，生产率提高了，利润自然也就上去了。”

销售员：“考虑到目前的市场情况，您是否认为技术改革会有利于生产出符合需求的畅销产品？”

客户：“可以这么说。”

销售员：“以前你们技术更新对你们产品的生产有帮助吗？”

客户：“当然有帮助。”

销售员：“如果再引进新的机器，可以把你们的产品做得更细更好，那么是否有利于提高贵公司的竞争力呢？”

客户：“那是肯定的。”

销售员：“您确实是一个具有前瞻性的人，刚才已经向您展示了我们的产品，如果您能够按照我们的方法进行试验，并且对实验的结果感到满意，您愿意为厂里添置一些这样的机器吗？”

客户：“当然可以，但是你们的价钱必须合理才行。”

销售员：“这是我们的价目表，您看还行吗？”

客户：“嗯，倒可以考虑一下。”

销售员：“那我再给您介绍一下产品的特点吧！”

客户：“好的。”

销售员：“请问您主要看中产品的什么方面？”

……

就这样，销售员把话题首先集中在生产效率上，运用一个又一个的问题让客户给予肯定的回答，让客户认可他的产品的优点，并且使得客户对其价钱方面也认可，最终很有可能会成交。

在销售的过程中，若能一开始就让对方说“是的”，这说明销售已经成功了一半，你若能让对方连续说“是的，你说得对”，那么销售的成功就有99.9%的把握。然而遗憾的是，许多销售员没有做到让对方说“是”这一点。他们总是顺着自己的思路强调自己的观点，总是自己说得很多，口若悬河，滔滔不绝地证明自己的口才，很少有人会考虑这样做并不一定就能说服对方。事实上，在你与客户的交流中，你必须设法让对方说“是”，因为，你们的交流决定着对方对你的反应，以及对方的决定，是与你合作，还是“否”。“是”的回答意味着对方对你的看法的许可和赞同，意味着同意你的见解或观点，意味着可以与你合作。

让对方说“是”，是一种极高明的说话的艺术。优秀的销售员可以让顾客的疑虑通通消失，秘诀就是尽量避免谈论让对方说“不”的问题。而在谈话之初，就要让他说出“是”。

利益引导法，如何利用客户爱占便宜的心理

“客户要的不是便宜，而是要感到占了便宜”，这是销售行业中流传的一句话。只要客户有了占便宜的感觉，就容易购买你的商品。这个心理在实际中带来了很多成交机会。例如，商场或超市在举办促销活动时，总能吸引大批消费者，因为价格优惠可以对消费者产生吸引力。而利益引导法是销售员向客户提供各种优惠条件来促成交易的一种方法。这种方法主要是利用客户购买商品时的占便宜心理动机，通过让利，促使客户成交。

爱占便宜是人们比较常见的一种心理倾向。一般来说，人们在认为得到了便宜后就会有一种心理上的满足，随之心情愉悦。同样，客户会因为用比以往便宜很多的价钱购买到同样的产品而感到开心和畅快。销售人员最应该懂得客户的这一心理，巧妙地为自己赢来订单。

一位顾客在逛超市时发现一个让他百思不得其解的现象，某知名品牌正在促销洗衣粉，然而一袋500克洗衣粉的价格是7.9元，而两袋的价格却是17元。也就说，顾客一次买两袋还没有买一袋划算。他以为自己是看错了，就叫来销售人员询问，销售员明确无误地告诉他，这是上面统一下来

的价格，是不会出错的，全国都一样。

通过和其他品牌洗衣粉价格进行比较，这位顾客判定，一袋的价格是标错了，价格肯定是大于8.5元的，他立即决定买了一袋回家。他相信，用不了多久，单袋的价格就会调整。

回到家后他将自己在超市看到的奇怪现象告诉了左邻右舍，大家都纷纷前来超市观看，也一致认同这位顾客的判断：单袋的价格肯定会提高，要不那两袋捆绑在一起的怎么能是促销呢？他们在离开超市时都各自买了一袋洗衣粉回家，有的人甚至买了几袋。

过了一周，价格依然没被改正过来。最早发现这个现象的那位顾客开始怀疑自己当初的判断：作为全国知名品牌，肯定是有着严格的价格管理制度的，这么长时间过去了，还没调整过来，那只能说明自己的判断是有问题的，也许这个价格的背后隐藏有其他阴谋。

他花了一天的时间来观察这个洗衣粉的销售，前来购买的人络绎不绝，大家都认为这是标错的价格，现在购买一袋是占了便宜的。这下让他彻底明白：原来企业就是要让顾客来产生占便宜心理，最终能使销售量得到增长。看来真是买的没有卖的精。

上例中超市洗衣粉的促销方法就是利用了人们爱占便宜的心理。其实占便宜只是顾客心里想获得一种胜利的满足感，感觉自己在这次交易中是受益的一方，是胜利的一方。营销过程中，你如何让顾客觉得他赢了，他胜利了，他购买得超值。这样，顾客就会经常到你这里来“占便宜”。你就不需要去愁回头客了。

每个人都希望花最少的钱，买最多的商品，要是能够免费赠送那就更好了。针对这种心理，身为销售人员就要去了解，只有了解了客户的这种心理，才能更好地把客户的这种心理利用起来，为自己的销售工作服务。

古时候，有一个店铺，铺里有一件珍贵的貂皮大衣，一直挂了两个月，都没有卖出去。因为价钱太高，要三百两银子，人们只是问问价钱就摇头走开了。

后来，店里新来了一个伙计，自称能在一天之内把貂皮大衣卖出去，要求掌柜的配合他的安排。他对掌柜说，不管谁问这件貂皮大衣多少钱，一定要说五百两银子。

商量好以后，掌柜的在后堂算账，伙计在前面打点。下午，店里来了一位妇人，转了一圈后，看中了那件貂皮大衣，遂问伙计："这衣服多少钱？"伙计假装没有听见，只顾忙自己的，妇人又加大嗓门问了一遍，伙计忙道歉："不好意思，我耳朵有些背，我是新来的，不知道这衣服多少钱，我问一下我们掌柜的。"说完就冲着后堂喊："掌柜的，那件貂皮大衣多少钱？"掌柜答："五百两！"伙计又问了一遍。掌柜又答："五百两。"妇人听得真真切切，心里觉得太贵，不打算买了。这时伙计憨厚地对妇人说："掌柜的说三百两！"

妇人认为肯定是小伙计听错了，心想自己少花二百两银子就能买到这件衣服真是占了大便宜。顿时心花怒放却又害怕掌柜的出来就不卖给她了，于是连忙付了钱就匆匆离开了。

店伙计正是利用妇人占便宜的心理，成功地把貂皮大衣卖了出去。利用顾客的这种心理，适时的表现大方一点让顾客感觉自己占了便宜，会获得意想不到的销售效果。

销售员在推销自己产品的时候，也可以利用客户的占便宜的心理，使用价格的悬殊对比来促进销售。其实在很多世界顶尖销售员的成功法则中，利用价格的悬殊对比来俘获客户的心是常用的一种方法。他们先是在客户的心里设置一个较高的价位，或者在对方心里设置一个价格悬念，然后再以一个比原来低得多的价格作对比，让客户通过心里比较，觉得很实惠，觉得自己得到了一个大便宜，于是就很容易决定购买你的产品。

另外一点必须要记住，给客户优惠时，商品的原价和优惠价之间的价格差异不要太大，否则客户多少会有一些受欺骗的感觉。因此，在使用上一定要注意方式和分寸，既要满足客户的心理，又要确保让客户实实在在得到实惠，这样才能够保持和客户长久的关系，实现互惠互利。

激发好奇心，吸引客户的注意力

心理学表明，好奇是人类行为的基本动机之一。那些顾客不熟悉、不了解、不知道或与众不同的东西，往往会引起他们的注意，销售人员可以利用人人皆有的好奇心来引起顾客的注意。

一位从事服装销售的销售员的目标，是要把服装放进某大型百货商场里卖。但是，她做了很多努力都被商场的老板拒绝了。经过调查，这位销售员才得知，原来该商场的服装专场一直在销售另一家公司的货，主管认为没有必要再进别家的产品。

后来，销售员想了这样一个办法。在又一次拜访中，这位销售员早早地来到该主管的办公室外面，见到该主管后，销售员就直截了当而又诚恳地问道：“您能给我十分钟时间，就一个经营上的问题，给我提一点建议吗？”

销售员的话引起了主管的好奇心，于是主管便把销售员请进了他的办公室，真希望详谈一下。

销售员走进办公室后，便马上拿出了一种新式领带给主管看，并请主管为这种产品报一个公道的价格。销售员对产品做了非常认真、细致的讲解。主管认真听完后，又仔细检查了一下产品后作出了中肯的答复。

销售员看了一下墙上的钟，十分钟快要到了，便拿起自己的东西要走。可是，主管想再看看另外的那些领带。销售员希望在最短时间内引起对方注意的目标达成！

结果是，这位销售员提供的产品开始在这家百货商场里销售。

好奇心是人类一种非常普遍的心理，当你能够准确地把握并利用这一心理的时候，就能够轻而易举地征服客户并留住客户。销售员如果能够巧妙地利用客户的好奇心去推销，将会大大提高推销的成功率。

王海是一位善于观察、善于思考、善于洞悉别人心理的大赢家，他把这些都用在做生意上。

王海在闹市地段租了一块地皮，造了一间小木屋作为酒坊。小木屋四周均留有小圆孔，并挂上一块醒目的牌子，赫然写着“禁止观看”四个大字。来往路人经不住好奇心驱使，越是禁止看越是想看，他们都簇拥着通过小圆孔往里面偷看。

这恰恰中了王海的圈套，进了屋内，看到另一块牌子上写着“美酒飘香，请君品尝”八个字，这时小孔下面正放着的一坛美酒，香气扑鼻。窥视者感到真是挡不住的诱惑，于是忍不住争相解囊购买。

每个人都有好奇的天性，一旦有了某个疑问，就必须得探明究竟不可。在销售活动中，利用人们的好奇心理，采取以“奇”标新的独特方式，引发人们的好奇感，是赢得顾客的一种招数，也是拉近与客户之间心理距离的有效策略。

一次，肖先生去某公司推销产品，到了该公司后发现前去推销的同行很多，肖先生觉得有些压力。就在这时，该公司的秘书出来通知大家：“非常抱歉，我们经理实在太忙了，所以请各位将自己的名片给我，我们经理会从中挑选出一名接待。”

所有的人都将自己的名片递上前，而肖先生至今还没有自己的名片，于是他灵机一动，掏出一张原本打算送给女儿的背面印有灰太狼图像的小明信片，然后在灰太狼头像旁写下了自己的名字交了上去。秘书收齐名片后统一交给经理，3分钟后，秘书对大家说：“请肖先生随我来，其他人员请慢走。”

事后，秘书很不解，问经理肖先生有什么过人之处。

经理一笑，说："他只是个普通的推销员。我只是好奇，什么样的人会用这样的卡片来充当名片，于是无法控制地想见见这个人。"

出奇才能制胜。销售人员要多开动脑筋，利用人的好奇心理，了解怎样才能吸引消费者的注意，并刺激他们购买商品。

当然，要想运用客户的好奇心拉近彼此之间的心理距离，并促成销售，前提条件一定是产品质量过硬。否则，即便有奇特、新颖的招数，也难以让劣质产品受到大家的欢迎。

总而言之，成功吸引客户的关键在于激发他们的好奇心。如果销售员能合理地利用客户的好奇心，那么你的推销之路将会走得更顺畅、成功。

稀缺效应，利用客户"怕买不到"的心理

一般而言，一件东西的价值与它的稀缺性成正比。也就是说，某件东西越稀少或开始变得稀少起来的时候，它的价值就会随之增高。用一句简单的话概括短缺原理就是"物以稀为贵"。很多商家都利用人们的这一心理，出售数量有限的商品，限量销售，例如有些商家隔三岔五地搞促销，并且用很大的条幅醒目地打出来："此价格仅售三天""前20名顾客可以享受5折优惠"等，很多消费者见有这样的好机会，就抱着"机不可失，失不再来"的心理争先恐后地前去抢购。所以，如果我们在销售中善于

利用客户的这种心理倾向，那么我们就会获得更多。

在一个炎炎夏日，某百货商店经理的心里很着急：防寒衬衫大量积压，本季度的销售计划肯定无法完成。他正苦苦思索对策时，突然看到街对面的水果店前排着长队，人们在买苹果，不断有人叫喊：“每人只能买一斤！”

于是这位经理计上心来。他立即拟写了一张通告，吩咐售货员说：“未经我批准许可，不准多卖一件！”五分钟过后，一位顾客走进经理办公室：“我有一大家子人……”“很抱歉，我实在无能为力。”顾客正转身要走，经理说：“好吧，卖给你三件。”并写了一张条子送给喜出望外的顾客。这位顾客一出门，一个男人闯进办公室就大声嚷道：“你们根据什么限量出售衬衫？”“根据实际情况，”经理毫无表情地回答，“我破例给您两件吧。”

就这样，有一个年轻人竟然在一个小时内几进几出，买了大批衬衫。这时，经理的电话铃响了，经理有点应接不暇了。后来，百货商店门口竟然排起了长队，赶来维持秩序的警察，也都优先买了一件衬衫。到了下午，这位经理又想出一个窍门：出售衬衫搭手帕。顾客们虽然怨气冲天，但仍争相购买。傍晚，所有积压的衬衫被抢购一空，经理的脸上露出了不易察觉的笑容。

例子中的经理正是运用了客户“怕买不到的心理”吸引人们的注意并让人们抢购认为难以得到的东西。

一般来说，人们常常对那些买不到的稀罕东西兴趣比较大，越买不到，越想得到。销售人员可以利用客户这种心理，吸引他的眼球。比如说："这款衣服就剩下最后一件了，而且货源也比较紧缺，短期内我们不会再进货了，您要是不买，恐怕以后真买不到了。"一般来说，只要感兴趣的顾客，肯定会买下这件衣服。

有人做过一项研究，商店老板将一些巧克力饼干免费让顾客品尝，先是从一个满满的罐子里取出一些饼干给他们吃，顾客说："味道不错。"然后又从一个快空了的罐子里拿一些饼干给他们吃，顾客说："这种饼干味道更好。"其实，老板拿的是同一种饼干，只是形状略有不同罢了。这项研究说明人类天性的一个很有趣的特点：人们往往认为稀缺的东西价值更高。

刘凯是某百货公司一名非常出色的销售人员，他在向客户推销的时候，总是能够巧妙地运用短缺原理来促使客户尽快作出决定。即使面对的客户不同，推销的商品各异，他也总能取得不错的业绩。他总是和客户这样说：

"先生，这种引擎的敞篷车在本地不超过10辆，而且厂里面已经不再生产了，错过了这次机会，以后想买，恐怕也买不到了。""这种厨具就剩最后两套了，而另一套您是不会选择的，因为它的颜色不适合您，所以这套厨具非您莫属。""您也许应该考虑一下多买一些，最近这种商品十分畅销，工厂里已经积压了一大堆订单，我不敢保证您下次再来的时候还有货"……这样的说辞无疑是十分有效的，客户在其影响下，为了使自己不因买不到而后悔，总是会果断地作出选择，先将自己喜欢的商品占为己有，这样才能够安心。这就是刘凯的成功之处。

“物以稀为贵”，东西少了自然就变得很珍贵。在消费过程中，客户往往会因为商品的机会变少、数量变少，而争先恐后地去购买，害怕以后再买不到。销售员如果能好好把握客户的这种心理，适当地加以刺激，便可以使得客户认为如果这次不买，就“错过这村，没这店了”，使你顺利地让自己的商品获得畅销。

此外，在与客户交谈过程中，销售人员还可以适当夸大市场信息或者与自己销售的商品有关的行情，一定要让客户知道，这种商品比较畅销，或者比较紧缺，让客户觉得现在就是购买的最好时机。

比如，销售员可以说：“今年下半年市场的货可能就会比较紧缺了，因为我们公司现在人手不够，计划减少产品供应量。”或者“现在原料价格都涨了，可能过不了多长时间，我们商品的价格也相应提升，建议您及早购买，别错失了良机啊。”客户听了这些话，他的“物以稀为贵”和“害怕买不到”的心理又会被刺激，下一步，他便会下定决心：现在就买！

总之，在销售过程中，销售人员利用稀缺效应，适当地制造一些让客户“买不到”的氛围，给客户制造一些“购买产品的最后机会”，往往更有利于争取到订单。

第八章　心理说服：攻克客户心理壁垒

权威效应：用最有力的证明说服客户

权威效应，又称为权威暗示效应，是指一个人要是地位高，有威信，受人敬重，那他所说的话及所做的事就容易引起别人重视，并让他们相信其正确性，即“人微言轻、人贵言重”。

美国曾有一个心理学教师曾做过一个关于“权威效应”的心理实验。他找到一个学习化学的班级，并请该班的教师向学生引见说：“这位教授是国际上知名的化学家，最近他研究出一种新的化学品。由于我与他很熟悉，今天专程请这位教授向同学们展示一下这项新的研究成果。”于是，“国际上知名的化学家”拿出一个瓶子，里面装着透明的液体，然后告诉同学们，他正在研究一种化学药品的感知效应，现在他展示的化学药品是一种新药，其味道可以在空中迅速传播，而只有对化学药品有敏锐感知的人才能通过空气中的传播感受到。然后，“国际上知名的化学家”打开瓶子，同学们屏息，用心体验“只有对化学药品有敏锐感知的人”才能得到的感受。接着，大家开始谈自己的感觉。有的说，这是一种与过去所有的化学药品味道完全不同的东西；有的说，教授打开瓶子后，立即就会感受到一种由前至后扑鼻而来的清香，“味道好极了”。全班没有一位同学表示不同看法。待大家讨论得差不多了，“国际上知名的化学家”告诉同学们，他不是什么化学家，而是本校的一位普通的心理学教师，瓶子里装的不过是刚刚从学校自来水管里流出的自来水而已。接着，他表示他的心理学实验圆满完成，“谢谢大家的真诚合作！”

这样的实验结果是令人惊讶的，为何明明无任何气味的自来水，学生却可以闻出味道来呢？这是因为人们对权威的信任和遵从，使其对“权威”的化学家没有表示任何怀疑。在销售中，如果你想劝说客户购买产品，恰当地利用权威效应，也可以产生良好的效果。比如鞋店老板受到投诉最多的是客户总抱怨左脚的鞋不好穿或者觉得两鞋子大小不一样。面对这种情况，如果不处理好客户的抱怨，最终会导致客户要求替换一双新的鞋子或者客户直接退。如果长此下去，难免因商品亏损而破产。这时候，店老板只要以权威的口安慰客户说：“您是知道的，一般来讲，人的左脚总是要比右脚大一些。”这样一来，大多数的客户在心理上都能接受。这是专业化的建议和劝说，采取的是利用“权威效应”对客户进行暗示的心理谋略。此方法非常奏效。客户对自己没有把握的产品，如果行家断言是正确的，那么客户便会对该品的质量和信誉深信不疑。因此，商店在面对客户投诉的时候，与其让普通店员去处理，不如老板亲自接待，效果会更好一些。

在现实生活中，人们往往喜欢购买各种名牌产品，因为它有明星的代言，有权威机构的认证，有社会的广泛认同，这样可以给人们带来很大的安全感。还有生们在购买参考书和练习试题时，也是选择有名的出版社，著名的教授学者写或推荐的，他们认为从权威这里可以获得更多的益处。这都是在销售过程中，权威效应起到的巨大影响力。因此，如果销售员能够巧妙地运用权威引导力，则能对销售起到很大的促进作用。

孙伟是做健身器械生意的。一次，孙伟电话约见一位新客户，从电话沟通中，孙伟感觉到这位客户是个要求严格的人，肯定不好对付，所以，去之前就做好了非常全面的准备。

到达客户公司后，因为准备充足，所以在介绍产品的时候，孙伟说得很精彩，在客户询问时也回答得很到位，还将客户的意见用笔记本记了下来。客户很满意，觉得孙伟是一个十分认真的生意人。不过，在沟通中，孙伟发现客户还是对自己的产品有所怀疑，没有彻底相信，最后的结果，客户只是说还要考虑下，会尽快回复他。

回去后，孙伟开始反省，到底是哪里出了问题，让客户无法下定决心呢？在深思熟虑后，孙伟再次约见客户，并将一份资料拿给客户看，自己在一旁对资料做辅助介绍。这一次，客户了解完资料后，没有再犹豫，立马决定签约。

原来，那份资料是孙伟与客户所在行业中某家龙头企业的合作报告，并附带了该行业内权威专家的评价。客户在了解了这些极具权威的资料后，才终于消除了疑虑，放心地作出了购买的决定。毕竟有行业权威的推荐和认可，自己根本不需要有太多的顾虑。

在一定程度上，权威代表着社会的认同，借用权威的力量可以让别人信服你。人们在权威效应的影响下，会自觉地变得顺从。因此，销售人员如果能够巧妙地运用权威效应，那么在销售过程中一定可以起到很大的促进作用。

权威效应是一种可以诱导他人心理的心理暗示，也是一种最常见的销售技巧。在销售中，销售员恰当地运用“权威效应”，便能够消除客户的一些顾虑，改变客户的一些想法，使客户更加确认买你的产品。这是个非常有效的方法。

巧用数字，让客户自己说服自己

很多销售人员常常陷入一个误区，认为口若悬河就能说服客户。其实，说服客户时与其滔滔不绝地说理，不如拿出有力的数字作为理论根据，用数字说服客户，将会取得事半功倍的效果。所以很多深谙销售技巧的人在关键时刻，尤其是正规的商业场合都会借助数字来说话。

亨利是一位烹调器推销员，他推销的烹调器每套价格是395美元。一次，亨利到一个城镇推销，把镇上的人叫到一块，一边示范这套烹调器，一边强调它能节省燃料费用，并把烹调好的食品散发给人们，请大家品尝。这时，一位当地有名的守财奴，一边吃着亨利烹调的食品，一边说：“他的产品再好我也不会买的。”

第二天，亨利首先来敲这位老顽固的门。顾客一见到亨利就说：“见到你很高兴，但你与我都知道，我不会购买400美元一套的锅。”

亨利看看顾客，从身上掏出1张1美元，把它撕碎扔掉，问顾客：“你心疼不心疼？”顾客对亨利的做法感到吃惊，但却说：“我不心疼，你撕的是你的钱，如果你愿意，你尽管撕吧！”

亨利说：“我撕的不是我的钱，我撕的是你的钱。”

顾客一听感到很奇怪：“你撕的怎么是我的钱呢？”

亨利说：“你已结婚23年，对吧？”

“是的”，顾客回答道。

“不说23年，就算20年吧。一年365天，按360天计，使用我们的烹调器烧煮食物，每天可节省1美元，360天就能节省360美元。这就是说，在过去的20年内，你没有使用烹调器，就浪费了7200美元，不就等于白白撕掉7200美元吗？”

接着，亨利盯着顾客眼睛，一字一句说：“难道今后20年，你还要继续再撕掉7200美元吗？”

亨利把产品带给顾客的利益由抽象变为具体，把“节省”变成一个实实在在的数字，这些数字令他的推销取得了成功。因为很少有顾客会对7200美元不动心的。

数字的说服力是很惊人的。用数字说话，既显得专业，又能给人以信任感。如果你想自己的话有说服力，必须列出具体数据，仅有漂亮的外表而无内容的话是不会吸引人的，马克思说过：“一种科学只有在成功地运用数学时，才算达到真正完善的地步。”说话时，借助数字和数学方法对客观事物进行精确计算和定量分析，有助于人们准确地掌握情况，进一步加深理解。因此销售员应学会用数字说话。

在向客户介绍产品、提供服务时，适当结合一些实际的数字来进行说明，会让自己的话更具权威性，更有专业说服力。并且，客户相信这些数字会给他带来真正的帮助，那么他就会主动加深与你的联系，进而相信你帮他作出的选择。

很多时候，客户对推销员本能地存在一种怀疑心理。这时候如果推销员能够拿出一系列统计数字，用数字来说话，相对来说就更容易说服客户。比如：

“科学证明，我们的电池能待机15天。”

“我们的洗衣粉能去除99%的污渍。”

“我们已经对全国超过1000名的使用者进行了连续1个月的跟踪调查，没有出现任何的质量问题。”

因为在客户看来，口说无凭的介绍是起不到任何作用的，也不能够刺激他们的购买欲望。现在人们对产品的要求越来越高，当然也不仅仅局限在销售员的空口无凭，但是当销售员用数据来展现给客户的时候，就很有说服力了。

一位销售人员正在向顾客销售一台价格不菲的电视机。

顾客：“这台电视实在太贵了。”

销售人员：“您认为贵了多少？”

顾客：“贵了1000多元。”

销售人员：“那么咱们现在就假设贵了1000元整，先生您能否认可？”

顾客：“可以认可。”

销售人员：“先生，这台电视您肯定打算至少用10年以上再换吧？”顾客：“是的。”

销售人员：“那么就按使用10年算，您每年也就是多花了100元，您说是不是这样？”

顾客：“没错。”

销售人员：“1年100元，那每个月该是多少钱？”

顾客：“喔！每个月大概就是8块多点吧！”

销售人员："好，就算是8块5吧。您每天至少要用一次吧？"

顾客："有时更多。"

销售人员："我们保守估计为每天一次，那也就是说每个月您将用30次。所以，假如这台电视每月多花了8块5，那每次就多花不到3毛。"

顾客："是的。"

销售人员："那么每次不到3毛，清晰的画面却能让您看得更舒服。而且LED背光源还具有惊艳卓绝的外观，硬屏面板，从画质到色彩、从功能到外观都很突出，您不觉得很划算吗？"

顾客："你说得很有道理，那我就买下了。你们是送货上门吧？"

销售人员："当然！"

这就是数据的力量！用详细准确的数据帮助客户作出最佳的选择，并让他看到产品能为自己带来的好处究竟有多大。销售员在了解客户的心理需求的基础上，如果能够恰当地使用数字说明，就能让客户更加相信自己的购买决定是正确的，也就更利于产品的销售。

用数字来支持你的观点，你的话将更有说服力。虽然数字是枯燥无味的，但有经验的销售员却知道，数字自有一种非凡的力量，如果能巧妙地加以利用，就能发挥出意想不到的作用。

但由于数字本身是一种符号，容易让人产生麻木或厌烦的感觉，所以使用时要明智而审慎。在使用前，需要注意以下几个方面：

1. 所使用的引述的准确性。

2. 它是否来自专家的专门知识领域？

3. 引述的对象是否为听众所熟知或尊敬？

4. 引述的资料是否肯定是第一手资料？

使用数字来说服别人的时候，还有一点需要注意：如果只提起数字、数量本身，是不会给人留下深刻印象的，它们必须辅以实例。倘若可能，还必须加上我们自己的经验来讲述，或者设法为枯燥的数字注入生命。这即是说，要让数字所代表的事实，能成为一般人生活经验中的一部分。只有这样，人们对数字才感到亲切，也才能产生兴趣。

真正的销售高手，都是讲故事的好手

讲述故事是人们喜闻乐见的一种沟通交流的方式。美国前总统里根曾说："用故事或比喻诚诚恳恳地表达心意，要比用枯燥的事实或科学原理更能打动听众。"故事具有连贯性和完整性，富有吸引力和感染力，它生动曲折的情节进程和丰富深刻的思想内涵，能够产生强烈的吸引力和深刻的启示力。故事讲得好，是说服他人接受自己观点的有力工具。如果我们在推销产品时，能插入一些小故事，就能增强产品的说服力，收到很好的效果。

我们先看一下两位推销员的推销话语。

甲："使用这种机器，就可以提高贵公司的生产效率，而且还会减小劳动强度，它受到老客户的一致好评，订货量与日俱增。”

乙：“我们先向您展示一下以往客户使用过后发来的感谢信。这是来自××企业的信件，他们讲到在改用这种机器后，生产效率是过去的15倍，工人们也反映这种机器操作方便且效率高，因此该厂又追加了10台订货。”

甲乙相应的对比，很容易看出推销员乙使用的真实的故事，是比较有说服力的，好处也比较明显：例证清晰，能够满足客户的心理安全需求。

美国纽约“成功动机研究”的主持人保罗·梅耶在进行大量研究后发现，销售高手都会巧妙地利用人们喜欢听故事的心理去说服客户。讲一些小故事，一来可以活跃一下气氛，二来可以引起客户的反思，三来故事可以为你的销售带来更强的信赖感。

事实证明，如果你能讲出一个好故事，让故事与产品结合起来，就会给客户留下很深刻的印象。所以，学会讲故事，能够让销售变得很简单。这是销售的秘诀，同时也是销售高手的天赋，他们每个人都是讲故事大师！

原一平是位讲故事的高手，他在做销售工作时，假如顾客拒绝，他就会讲下面这个故事。

自从美子的丈夫病重后，由美子创办的互助会里，一些会员担心她一手创办的互助会会垮，纷纷要求退费。

“能不能提前支取会费啊?如果不行，你把我缴过的会费还我就好，利息我不要了。”

佳子是美子的好朋友，一大早，她也来了。

“美子小姐，我们家最近买房子，贷款本息负担很沉重。能不能商量一下，把会费还我们。”

美子感到世态炎凉。

“我是不得已才做这样的。”佳子不死心地缠着。

“佳子，我和你是多年的知心朋友，你这样苦苦相逼，叫我很心痛。”场面尴尬起来，美子本来想把丈夫有张人寿保单的事说出来，但是心想，这样说好像期盼丈夫早点去世，于心何忍。

一面看着丈夫因癌细胞扩展而身体一天天虚弱，一面又要应付各种经济上的问题，美子有点承受不住。但是这个家除了她，谁来撑呢?子女还小，美子必须坚强起来。

丈夫还是走了。丈夫的保单索赔虽然只有1000万，办丧事及医药费花去一部分，但是至少不用去借，剩下的几百万存着，心中踏实多了。

因为有这张保单，互助会的成员们也没有追着说要退会费了。这张保单即保障了美子一家人的生活，又保障了互助会。

原一平利用这个故事去说明，在世态炎凉，人情似纸，生活艰难的处境下，买保险是多么的重要。

在保险销售的过程中，讲保险故事是很重要的一环。有些客户没有保险意识，听了保险故事才会被点醒。

有人问原一平：“你是怎么训练自己讲保险故事的?”

原一平说：“有些人以为我本身就具有近乎演员的天赋，其实不是。我自己每讲一个保险故事，就像演员一般从背诵剧本到融入当事人角色，认真练习一二十次，直到抓住故事的精髓为止。”

“保险故事在保险销售里头，具有强烈的催化作用，讲得越好，催化力越强。”原一平道出自己的心得。

这就是故事的魅力所在，所以销售要会讲故事，好的故事自己会说话。适宜的好故事，胜过销售员一千遍、一万遍说教的力量。用故事说话，有时产生的感染力是无穷的，它就像巫师手中的魔法石，能产生让客户无法抗拒的魔力，甚至为推销员省去千篇一律的繁冗的毫无吸引力的推销词。

其实，任何商品都有很多有趣的话题，比如它的发明、生产过程，能够带给客户的好处等。而作为销售人员来讲，就可以从中挑选出一些生动、有趣的部分，组合成一个个动人的故事，并作为销售的一种有效的方法运用到工作中去。用这种方法，你就能迎合客户、吸引客户，使其产生信心和兴趣，进而毫无困难地达到销售的目的。

那么我们在平时的业余学习中应该注意积累哪些方面的素材呢？即我们给客户讲述的故事可以包括哪些内容呢？总结如下：

第一，个人的成长或经历。讲个人成长的经历可以很好地向客户传达出坚持、勇敢、蜕变等价值。

第二，产品的故事。每一款产品都有它背后的故事，讲产品的故事会让客户得到产品的价值品质，从而产生兴趣和信任。

第三，客户的故事。讲客户的故事，这会让他人产生信任、真实，同时也是最好的成交证明。不管你今天卖任何产品，收集过去客户曾使用你产品的整个过程的资料，包括有关售前、售中、售后所发生的每个细节，挑出其中能令新客户产生共鸣、激发需要的故事，如果你能讲得栩栩如生，就会对感召客户达成交易具有极大的推动力。

第四，企业一路走来的故事。讲一个企业过去、现在、未来的故事，可以诞生的价值是诚信、实力。从过去到现在到未来，这一路走来是一种坚持，是持之以恒的态度。

第五，品牌的故事。很多品牌一路走来有品牌沉淀的故事，所以还要讲品牌的故事，这对成交的帮助很大。

对销售来说，说服是一件很重要的事。想卖出产品，总要说服客户。如果你能讲出一个好故事，让故事与产品结合起来，就会给客户留下很深刻的印象。所以，学会讲故事，能够让销售变得很简单。这是销售的秘诀，同时也是销售高手的天赋，他们每个人都是讲故事大师！

换位思考，站在客户的角度考虑问题

在销售中，若想成功将产品推销出去，就要先学会洞悉客户的真正消费需求，从而从心理上"吃透"客户。这就需要销售人员做到换位思考，真正地想客户之所想，才能使交易顺利达成。美国汽车大王亨利·福特曾经说过这样一句话："成功是没有秘诀的，如果非要说有的话，那就是时刻站在对方的立场上。"多为别人着想，多了解别人的想法，这不仅仅有益于你和别人沟通，更重要的还是你借此知道别人的"要害点"，做到有的放矢。如果学会时时站在客户的角度上看问题，沟通的顺利程度将会超出你的想象。

销售最好的办法，就是先站在客户的立场发言。下面这个案例就充分说明了这一点。

一家保健品公司的销售人员小白进入一个住宅小区销售的时候，她看到小区绿地的长椅上坐着一位孕妇和一位老妇人，她走到小区保安那里假装不经意地问：“那好像是一对母女吧？她们长得可真像。”小区保安回答：“是的，她们是一对母女，女儿马上就要生了，母亲从老家来照顾她，父亲一个人在家里。”

于是，小白也来到了绿地旁，她十分亲切地提醒孕妇说：“不要在椅子上坐的时间太长了，外面有点凉，你可能现在没什么感觉，等到以后会感觉不舒服的，等生下小孩以后就更要注意了。”然后，她又转向那位老妇人，说：“现在的年轻人不太讲究这些，有了你的提醒和照顾就好多了。”

“作为母亲，对孩子的关心自然是无人可比的，‘世上只有妈妈好’说的不就是这个道理吗？如果妈妈不关心孩子的话，那又有谁会关心孩子呢？”

“阿姨，最近听说又有冷空气要来，今年冬天的天气真是没有往年好呀。你岁数大了，千万要注意保暖，省得头疼感冒不说，还可以减少关节炎的疼痛。你看一下这东西既能增强免疫力，又能改善睡眠，而且……”

当她们把话题从怀孕和生产后的注意事项讲到生产后身体的恢复，再讲到老年人要增加营养的时候，小白已经和那对母女谈得非常开心了。随后，那对母女已经开始看小白手中的产品资料和样品并准备购买了。

事实证明，当你真诚地为客户考虑了，让客户感受到了关心，客户才会和你达成交易，甚至和销售员建立长期的伙伴关系，实现彼此的双赢。上例中的销售人员小白处处为客户着想，继而抓住谈话的中心，最终促成了交易。

站在对方角度来推销产品确实是一条捷径。要搞好销售不仅要深入市场调查，了解用户需求，还要研究客户的心理，主动与客户进行感情交流，达到心灵沟通，让客户感到你不是在向他们推销业务，而是在关心他、想着他，为他提供方便。这样客户才会认可你的产品和服务。

乔治钢铁公司总经理想为公司买一栋房子，于是他请来了房产业知名人士莱特，他说："很多年来，我们钢铁公司租住的都是别人的房子，我不希望这样，我希望可以拥有自己的房子。"乔治此时的目光透过窗户，看着外面说道："这样的景致很美，希望我新买的房子也可以看到，你能帮我吗？"

莱特随后花了大量的时间琢磨乔治的需求，他做过预算，画过图纸，但却一点头绪都没有。

原本有很多可以考虑的房子，可是乔治都不想要，而最佳的选择就是乔治现在的钢铁公司所在的那栋房子，只有那栋房子可以看见像乔治要求的那样的街景。

于是莱特找到乔治交谈这件事情，却遭到了乔治的强烈拒绝，乔治表示他不想买旧房子，他要的是新房子，当乔治在说这些的时候，莱特只是安静地听着，并没有表示反对。他试图换位思考，发现乔治想要的房子，其实就是他那栋旧房子，只是乔治现在还不知道自己真正想要的是什么。了解这些以后，他开始向乔治提问："当初刚刚创业的时候，你的办公室在哪里呢？"乔治回答："这里。""你的公司在什么地方成立的呢？”“也在这里。”之后，莱特什么都不说了，只是看着乔治。没多久，乔治突然笑着说：“这所房子才是我想要购买的，是的，它见证了我们的起步和发展，毕竟这是我们公司的发祥地！还有什么地方比它更合适的呢？”说完这些，乔治在很短的时间内就完成了购买。

这场推销其实很简单，莱特并没有用华丽的辞藻。成功的奥妙在于莱特考虑了乔治的需求，站在客户的立场上分析了他想要什么样的房子，再运用适合的方法刺激乔治，使乔治看清楚自己真正想要的。莱特的成功是依靠他设身处地地为乔治着想，站在顾客的角度看问题，使乔治明白什么是最适合自己的，从而帮乔治解决了心理矛盾，获得成功。

站在客户的立场，处处为客户着想，首先就要假设自己是客户。假设自己就是客户，你想购买怎样的产品和服务？自己真正需要的是什么？会如何要求售后服务？这样就能让自己站在客户的立场去看待问题。事实上，大多数销售员对客户所持的态度，与我们所要求的设身处地为客户着想相比，还有很长一段距离。他们最典型的态度往往是：对于客户为什么要购买那些产品或服务，对此一点也不感兴趣。重要的是，顾客买了产品或服务，而我则拿到了钱。如此的心态，能够培养忠实购买你的产品的回头客吗？显然不能！要想取得客户的信任，关键是要让客户感受到你为他服务的良好态度，是否处处为客户着想，是否站在客户的立场上去看待问题，帮助客户去解决问题。在与客户交往的过程中，要特别注意的就是设身处地地为客户着想，在为客户提出任何意见和建议时，都要告诉客户这样做对他的好处。

一位销售真空吸尘器的推销人员对一位家庭主妇说：“您可

以想一想，从现在起，您就再也不用为了繁重的家务劳动而发愁了，您可以从满身的灰尘和疲劳的家务劳动中解放出来。这样，您就可以拥有更充分的时间关心丈夫和教育孩子，比如您可以有更多的时间陪丈夫和孩子出外散步，或者看书、休闲，或者出外学习茶艺和插花等。可以想象，您的生活将会因为一台小小的吸尘器而变得多么丰富多彩呀！”推销员这样设身处地地为客户着想，客户所给予的报答肯定就是购买他的产品了。

不管是在购买商品时，还是在享受服务时，客户往往都是以“自我”为中心的，他们首先想到的是自身的利益，希望通过购买商品来解决自己的问题。所以客户关心的是自己，如果销售员在推销的时候，能够站在客户的角度去考虑问题并介绍产品，多为客户想想，多为客户打算，让客户感到你的关心，客户就会主动降低自己的心理防线，对你产生信任，特别乐意接受你的商品和服务。因此，销售员要懂得推销不是给客户传授知识和说教，而是为其提供服务和帮助，为客户解决问题和困难的，这样才能真正赢得客户的心。

巧用激将法，让客户主动成交

在说服客户的过程中，如果采用直截了当的办法，往往事与愿违。因为人人都有一种逆反心理，他们会想：“我为什么要听你的？我偏不按你说的做！”即使他认为你说得对，但潜意识中仍然不愿意放弃自己的观点。而若能巧妙地运用激将法，则一定能收到积极的效果，取得更多的成交机会。

激将法，简单地说，就是从心理学角度出发，用反面的话激励客户，使之痛下购买决心，从而起到良好的言语说服效果。

小欣是某品牌时装店的导购员。一天中午，一位衣着华贵的太太走进了店里，小欣热情接待，为其介绍了两套衣服，太太都显得不太满意。

太太提出要自己先看一看，于是便在店里左看看，右看看。转了一圈后，太太看上了一套时装，小欣连忙帮其取下，让其试穿。太太试了试非常合身，小欣看得出太太心里很喜欢这件衣服。可是，太太看了看标价，开始犹豫了，又把衣服放了下来。显然她觉得价格太贵，有些于心不忍。

这时，站在一旁的小欣看出了顾客的心思，于是看似轻描淡写，不经意地说了一句："刚才某某部长夫人也看上了这套时装，和您一样也觉得这件时装有点贵，刚离开没一会儿。"话音刚落，那位太太又拿起了刚放下的衣服说："我是觉得这件在外面挂着有些落土了，你再帮我拿件新的出来吧。"最后痛快地买下了这套时装。

小欣为让那位太太下定决心买下时装，可谓用心良苦。她巧妙地抓住这位太太"自己所见与部长夫人略同"和"部长夫人嫌贵没买，而自己要比部长夫人更强"的心理，用激将的方法达到了自己的目的。

我们常说："请将不如激将。"在购买产品的过程中，客户往往容易产生较强的好胜心理。激将法就是针对他们的这种好胜心理对症下药，使得他们因好胜而不再过于理智。这样，客户为了满足自己的好胜心理，为了顾及自己的面子，往往不再计较此前特别看重的一些“成交细节”。

这天，于娜正在店内陈列货物，一位中年男子走了进来，手上拿着手机和车钥匙，一看就是一个有气质又有钱的人。这位男子直奔男鞋区走去，当选中一双鞋并左右翻看了半天之后，他问能否试穿。于娜给了他肯定的回答，并引导他坐到了一面镜子前，让他更好地看看鞋子穿在脚上的效果。

于娜在一旁帮着忙，当鞋子穿好之后，于娜看到鞋子非常合适，而且效果很好，配男子的衣服也恰好合适。顾客左看右看后显然也挑不出什么毛病，于是于娜就问他，是不是可以给他开发票了，但男子还要再等等，似乎还怕哪里有问题似的。

又过了一会儿，男子将鞋脱了下来，又重新整齐地摆放到了原来的位置，却没有马上走开去看别的鞋，而是一直盯着那双鞋不走。于娜知道他还有些犹豫，于是为了促使他尽快做决定，就巧妙地运用了激将法。

她对那位男子说：“先生，是不是还有些顾虑啊？我能理解。其实在这个世界上，很多事情都是这样的，越是喜欢的东西，越不敢勇敢地去追求，越不敢积极地去争取。这让不少的人内心很不舒服。其实每个人都有自己的人生信仰，只要坚定信念，朝着自己的信仰不懈地努力，每个人都能活得很开心，很潇洒。”

中年男子听完，微微笑了一下。此时于娜又接着说：“其实自己觉得有价值，有意义的东西，怎么可以放弃呢？不过生活中就有很多这样的人，他们遇到自己喜欢的东西不去努力争取，遇到机会也不好好把握，最终失去了一次又一次的机会。这样的生活就太没意义了。您说呢，先生？我想您肯定是一个做事果断，不会错过一次追求美好的机会的人。”

中年男子听到这里，又是微微一笑，然后说：“当然，我还算果断，现在就帮我把这双鞋装起来吧。”

就这样，经过于娜的一番激将，中年男子再也无法像以前那样徘徊不定了，当即果断地做了决定。

可以说，激将法是通过触发有些顾客的自尊心和好胜心，促使顾客在犹豫不决时作出果断的购买决定，是一种极佳的销售技巧。

当我们与客户交谈之后，很多时候，虽然有的客户有购买产品的欲望，但却犹豫不决。始终拿不定主意，当销售员在面对这些顾客时，若想促进他们下定决心购买，进而成功成交这一笔订单，不妨尝试利用他们的好胜心或自尊心，运用激将法他们迅速签单。

比如：

“这么好的产品，你认为需要与你夫人（或其他人）商量，然后再选择怎么做吗？”

“只有能自我做主，毫不迟疑作出决定的人才是一个精明的企业家。”

“我听你们的同行说，你可是一个有主见的人。所以请你现在就下决心吧！”

“你嘴上说这说那的，其实你心里根本不想跟我签约，对吧！”

于是，对方在激动之时往往会痛下决心，便造成了这样一种结果：这些事不是你说服他做的，而是他自己要做的。优秀销售员都懂得运用这种促成订单的技巧，因为它简单而有效，我们也可以借鉴这种销售手段进行销售。

在销售过程中，激将法是销售员促成订单的常用技巧之一，也是巧妙地“逼迫”客户成交的技巧之一。要想成功地运用此法，促使客户尽快签单，销售员需要仔细揣摩，并在运用中熟练掌握其技巧和奥秘。

1. 准确掌握客户的心理。在销售过程中，销售员要采用激将法，首先要把准客户的心理。只有客户具有较强的自尊心、虚荣心和好胜心，才可能有效地激将客户。否则，将很难起到激将的效果，甚至还有可能把一桩很有希望的生意逼进死胡同。一般而言，年纪轻的要比年纪大的容易激将，见识少的要比见识多的容易激将，越是讲究衣着打扮的、好争高比强的、地位较高、受人尊重的人越怕被别人看不起，这样的人也容易被激将。在促成订单时，销售员可以根据具体的客户对象，采用具体的激将法。

2. 不要伤害客户的自尊。在销售过程中，客户拥有成交的最后决定权。销售员为了促成订单，可以采用激将法“逼迫”客户签单，但是必须以不伤害客户的自尊为前提。在销售过程中，如果销售员伤害了客户的自尊，往往就容易导致客户不再愿意与销售员交易，甚至还会因自尊问题惹出其他问题。比如，当整个产品示范结束时，有些推销员发现一些客户还没买他的产品，就认为顾客是在浪费他的时间，因此他就说出这样的一句话：“某某先生，原来你是买不起这种产品的。”自以为是在激将客户，殊不知这样做是在羞辱你的客户。因此，正确使用激将法应该是在不刺激对方自尊的基础上，切中对方的要害进行激将。例如，销售员销售产品给客户时，用“您不想买”而不用“您是因为没钱，买不起”来激将客户，就把握得非常有分寸。

3. 要注意态度自然。激将法是人们比较了解、接触得比较多的常用计谋。因此，在使用激将法时也容易被对方看穿。在销售过程中，要用激将法促成订单时，销售员一定要注意态度和表情自然。否则，就容易让客户看出来是在“激”他，从而产生逆反心理，最终导致交易失败。

第九章　情感投资，加强客户心理维护

先交朋友，后做生意

在销售的过程中，只有与客户建立良好的关系，才能把销售真正地做好，短时间内成为销售精英。

人在潜意识中总是相信自己的朋友，相信跟自己熟悉的人，而对陌生人往往有一些排斥和戒备。一旦成为朋友，双方会更加容易发现和确认对方值得自己肯定和引起自己好感的事情，不断巩固并深化自己对对方已有的积极性评价。在这一心理定式的作用下，朋友之间的相互交往与认知必然在其深度、广度、动机、效果上，都会超过非朋友之间的交往与认知。销售工作也要受上述规律的支配，如能和客户成为朋友，对于自己的事业无疑是十分有益的。

一次，原一平的朋友替他写了封介绍信，介绍他拜见一家建筑公司的年轻经理。

这位年轻的经理瞄一眼他带来的介绍信，说："如果你想谈的是保险，我可没兴趣，一个月前我才又投保了一家保险公司。"

经理断然拒绝的态度，原一平很想进一步了解，所以大胆问了这个问题："山田先生，你是怎样开始投身于建筑界的?"山田望着虔诚地看着他的原一平谈起了自己的创业史，原一平整整听了三个多小时。后来他的女秘书进办公室请他签份文件，女秘书走后，山田看了原一平一眼，没说什么，原一平也回敬他一眼，没有开口，过了一会，山田说：“你希望我做什么？”

“想请您回答几个问题。”

当原一平离开他的办公室之前，已很了解山田先生——他的希望、野心和目标。在访问他的过程中，山田曾说：“真搞不懂！我怎么会告诉你那么多有关我自己的事，我从来没有对任何人说得这么多，包括我的妻子。”

原一平向他道谢，并告诉他自己要对他所说的话做点回馈。两周之后，原一平替他拟了份计划书，其中包括其事业、公司的未来发展。原一平离开山田的办公室时，这位经理和他公司的副经理都保了100万元人寿险，财务秘书也保了25万元的人寿险。

这是原一平和他们建立友谊的第一步，往后10年，他们的保险金额高达750万元。

销售的过程，其实就是人与人之间心灵沟通的过程。因此，想要交易成功，仅仅依靠语言等肤浅的技巧是远远不够的，我们还要学会把握客户的心理，迎合客户的兴趣，用真诚来打动顾客，使他对你产生信赖感，视为自己的朋友。

很多成功的销售人员，在工作中跟其客户都成了朋友，把生意当作友情来经营。这样既谈成一笔生意，又多一个朋友，多一条路。

丹瑞·托马斯大学毕业后进入一家贸易公司任区域销售总裁，几年以后，建立了十分广阔的人际关系网络。而后，他便转入了保险推销的行业。正是得益于这广阔的人际关系网络，丹瑞的销售业绩直线上升，在他32岁的时候，正式成为了美国百万圆桌协会的会员。

丹瑞在推销中总是尽力地鼓励和关心他的客户，客户便从中感到了一种温馨，也把他当成好朋友。十几年来，丹瑞就因业务关系结识了上百个朋友，且大部分都保持着联系。

几年前，丹瑞去拜访一名年轻的律师巴尔，不管丹瑞怎样热情而详细地介绍他的保险产品，巴尔总是以一副冷冰冰的面孔对着他。丹瑞临走时，对他讲，他相信巴尔将来一定能成为这一行业中最出色的律师，还说以后绝不再随便来打扰他了，但是如果不介意，希望能与他保持联系。

巴尔听了以后，马上兴奋起来，问丹瑞怎么看出这一点的。丹瑞说，几个星期前听过他的一次演讲，他认为那次演讲非常精彩，这是他听过的最好的演讲之一。

这些话让巴尔听得眉飞色舞，于是丹瑞乘胜追击，不失时机地向巴尔“请教”演讲的话题，巴尔也非常兴奋地同他讲了一大堆。

最后，当丹瑞离开的时候，巴尔对他讲，希望有机会再和他一起聊聊。

几年以后，巴尔果然在旧金山开了一间自己的律师事务所，成为旧金山几位杰出的律师之一。丹瑞则一直保持着与他十分密切的来往。在这几年里，丹瑞时时不忘鼓励巴尔，并对他表示敬仰，而巴尔也总拿自己的成就来与丹瑞分享。

巴尔的生意蒸蒸日上，丹瑞卖给他的保险也在不断地增长，他们的友谊也不断加深。丹瑞还通过巴尔认识了许多社会名流，储备了更多的潜在客户资源。

其实做生意就是做朋友。与顾客交朋友，表现在对顾客的关心、爱护和体贴方面，使买卖双方不局限于一种商业关系，还要富有“人情味”，使顾客产生一种亲切感，在购物的同时，得到一种精神情感上的满足。

销售工作不只是单一的商务往来，它还伴随着人情。从某种意义上说，与你生意往来的对象也不仅仅是客户，他们同时也是你的朋友。如果你能把客户当作朋友那样对待，做足了人情，客户自然情动于中而发于外，你还愁生意不到手吗?

销售的最高境界就是与客户成为知心朋友，这是行之有效的最好方法。要想让客户不忘记我们，我们就时时刻刻要想着他们。常走动，常交流才能增进友情。生意场上要想保持长期的合作关系，没有感情做基础的合作随时都会出现“危机”，留住了客户的心就留住了客户的人。与客户一次、两次的合作我们可以看成是运气与缘分，能长久的合作那就是艺术。研究客户，满足客户的需求及周到的服务才能与客户达成双赢的共识，只有这样我们的营销目的才能“水到渠成”。这就是先做朋友后做生意的道理。

从情感上关心客户，做客户的知己

销售从表面看来不过是商品和货币的交换过程，仅仅存在着商家和客户的买卖关系。其实，并非如此简单。很多时候，销售人员销售的不是商品而是情感。美国推销大王乔·坎多尔福曾说过：“推销工作98%是感情工作，2%是对产品的了解。”乔·吉拉德也曾说："你真正地爱你的客户，他也会真心爱你，爱你卖的东西。"

在销售的过程中，客户从产生购买愿望到实现其购买行为，是由多种因素促成的，而精神因素时常起着决定性的作用。如果企业的各种生产经营行为都能从"情"字切入，找到企业与客户的情感沟通的纽带，进行准确的定位和有分寸的"切入"，使客户持续不断地感受心灵的冲击，即能潜移默化地影响客户的心理，从而全力激发其潜在的购买意识，达到"润物细无声"的巧妙作用。

纵观在销售中成功的商家无一不是在"情感"上做文章。可口可乐公司太平洋集团公司总裁约翰曾讲过一句耐人寻味的话："可口可乐并不是饮料，它是一位朋友。"正因为可口可乐公司拥有远见卓识的经营哲学，奉行了成功的情感渗透策略，才使可口可乐成为一代霸主。人们所以欢迎"情感销售"，就是因为商家把商业行为用浓浓的人情味巧妙地包装起来，千方百计地满足客户的合理需要，务求拨动客户的心弦。

乔·吉拉德是美国著名的汽车销售人员，他早已成为很多年轻销售人员争相学习的对象。以下是乔·吉拉德一次成功的推销经历。

一天，乔·吉拉德像往常一样在展销室推销他的汽车。这时展销室进来了一位中年妇女，她说她需要一辆福特车，颜色最好是白色的，因为她比较喜欢白色，而且她的表姐也拥有一辆那样的车，看起来很时尚。刚才在对面的车行时，那里的销售人员说现在没有，必须等一个小时才行，所以她就想先四处看看。中年妇女还透露了一个信息："今天是我的生日，希望可以把这辆车买来作为自己的生日礼物。”

“哦，生日快乐！夫人。”吉拉德诚恳地向中年妇女表示祝贺，随后便带着这位女士观看展室。他先让她看一下车模，然后自己出去了一下，又回来对那位中年妇女说：“夫人，您最喜欢的颜色是白色吗？那现在我给您推荐一辆我们的新款汽车，希望您能喜欢。”说完这句话，一位女工作人员走进来，手捧一束鲜花，然后满脸微笑地把花递到了中年妇女的手中，然后真诚地说：“祝您生日快乐，夫人！”中年妇女先是很吃惊，继而感动得眼泪都快要流下来了。“好久都没有人为我庆祝生日了”，中年妇女声音略带哽咽地说，“之前的那位销售人员，估计是觉得我买不起福特车，所以才对我不理不睬的。我想去看看样车，他却让我等着，于是我才来你这里的。其实，我未必一定要买福特车，你的雪佛兰也不错。”说完这话，中年妇女爽快地签了购车的订单。

中年妇女之所以改变了最初的买福特车的意愿而买了吉拉德的雪佛兰，正是因为被吉拉德的关怀感动了。吉拉德营销成功的方式不是花言巧语，而是巧妙地利用了客户的情感需要，因此促使交易顺利完成。

当你用富有人情味的服务与客户交流的时候，会让对方从心里对你产生认同感。在这种情况下，生意上的事自然就十分顺利了。所以说，如果你销售的是产品，你会有永远竞争不完的对手；如果你销售的是情感，你会有永远跟随你的忠实客户。

情感与人的需要是紧密相连的。人的需要有多种多样，但哪一种都同情感有关。销售人员的销售策略符合客户的需要就会产生积极的情感，进而顺利地促成客户实施购买行为。在发现了可能成为买主的客户时，销售人员要争取主动，热情相迎，在攀谈中注入情感因素，使客户感到你的真诚，视你为自己人。这样，成功的销售便开始了。

有一次，小张上门给客户送产品时，听客户说，他隔壁住了一位老太太，先生早逝，儿女都在海外，身体情况不太好。小张心里就想，也许公司的营养保健食品对她会有所帮助。于是，小张就在客户的引见下登门拜访。知道小张的来意后，老太太婉拒地说："我不太相信什么保健品，就连儿女买的保健品还有很多没开封呢。"

离开后，小张总是记挂着这位孤独的老人，每逢去那位客户家送货时，都要去老人家坐坐，陪她聊一会儿天。没想到有一天，老人向来看她的小张认真咨询起营养品的功用，还请小张针对自己的身体情况推荐几款。

生意就这样做成了，就连小张自己都有些纳闷：自己再也没向老人推销过产品，她怎么会有180度的大转弯呢？其实，有经验的销售人员一看就明白，是小张对老人真诚的关心最终促成了交易，因为它满足了老人被了解与被重视的需求。

俗话说："感人心者，莫先乎情。"从某种角度上说，销售其实是一项情感性工作。因为销售的重点就是赋予产品生命力，让产品与客户建立情感联系，进而使客户爱上这个产品。所以说，情感就是销售过程中的催化剂。客户对产品的情感，源自客户对产品的满意，要让客户觉得满意，销售人员就要对客户的持续不断地、细致入微地关心。要成为一名出色的销售人员，是绝对需要用心的，要付出一定的努力和情感，要把销售工作当作一种乐趣，而不仅仅是工作。

给客户提供最好的服务

作为一个销售人员，你应该了解：在推销中脱颖而出的最好方法是提供最好的服务。如果你提供的服务是合理的话，就算价钱贵些，他也乐意和你的公司继续进行交易。所以一个优秀的销售员，一定要努力地注意服务态度，务求使客户满意。凡是满意的客户，都会在最短的时间内，将你的好处向不同的人讲述，这便是口碑。这样传下去，生意便做得顺利。

推销大师原一平说："推销前的奉承，不如推销后的周到服务，这是制造永久客户的'不二法门'。"

无论多么好的商品，如果服务不完善，便无法得到客人真正的满意，甚至当服务方面有缺陷时，会引起客户的不满，从而使商品自身的吸引力大打折扣。相反，真正好的服务才会赢得客户的信任与回头。

一次，王先生乘新加坡航空公司的飞机从新加坡飞往台北，机组人员的服务一如既往地令人满意。这时，一位空姐建议他看看机上的购物目录。如果不是她的鼓动，王先生也许什么也不会买。他买了一条皮带，却发现它太长了。于是这位空姐用她自己的小剪刀替王先生将皮带剪短。接下来又出了问题，王先生扣不上皮带扣，于是她又帮助王先生扣上。这并不是她的义务，但她做得非常仔细、非常热情。更令他吃惊的是，当她发现王先生是他们公司的常客时，主动为他打了“会员”的折扣。这使他还想再买些东西，于是他又买了一瓶威士忌作为礼物送给在中国台湾的合作伙伴。随威士忌还附送一个计算器，可是上面有些刮痕，王先生便问空姐是否可以去供货商那儿换一个，她立刻回答说可以。几分钟后，她拿来了一个新的计算器，并对王先生说，要退给供货商再换一个会给王先生带来很大的不便，于是她拿了一个新的计算器，并说道：“我们去换更容易些，虽然要填一些单子。”王先生非常满意，心情愉快极了。王先生决定将继续乘坐这家航空公司的飞机，并将自己的美好经历告诉其他人。

好的服务能带来好的效益。最好的服务就是最好的推销，作为一名推销员，要时刻为客户着想，满足客户的需求，自然而然就会被客户所接受、所喜欢。乔·吉拉德曾这样说过：“销售产品的名称就叫服务，尽量给你的客户提供最好的服务，让他一想到和别人做生意就有罪恶感。”

戴维是纽约的一位成衣制造商，他给保险公司打电话说，自己的10000美元保险立即停保，要求保险公司退款。如果这样的话，这张保单只值5000美元。有好几位业务员都跟戴维说，你现在这样做很不划算。他们这样想，这样说，也是为客户考虑，似乎并没有什么问题。但是戴维还是坚决要求退保：“不必啰唆，把5000美元还给我就是啦！”

乔安——公司的业务高手之一，正在跟该区的业务经理聊天，这时，一个业务员进来请经理签支票，好支付给纽约的戴维。

经理签了支票，摇着头说："这个纽约保户，真拿他没办法，既顽固又不讲理。"

乔安问："我很有兴趣知道到底出了什么事？"

"这位老兄，一定要把保单退掉，即使损失5000美元，也坚持要收回现金。"

乔安一听，来了兴趣，说："我恰好明天要去纽约，顺便帮你们送这张支票去如何？"

"那太感谢了，我们是求之不得的。但是，老兄，您这是在给自己找麻烦呀！他在电话里口气就好像要杀掉我才罢休似的，这个人好像恨极了保险业务员。只是给您一句忠告，不必浪费时间去说服他。"

乔安当即打电话给戴维，戴维要乔安把支票寄过去。但乔安坚持把支票亲自送过去，戴维也就同意了。双方谈妥了见面的时间。

乔安的前脚刚踏进戴维的客厅，戴维就开口要支票。乔安说："您能不能给我5分钟的时间，咱们谈一谈？"戴维一听就大声说："你们这些人都是这个样子，谈、谈、谈，不停地谈。你知道我等这一笔钱，等得有多急吗？我告诉你，我已经等了3个礼拜啦！现在还要耽搁我5分钟！告诉你，我没有时间跟你磨蹭。"

从这开始，戴维大骂以前所有联系过的业务员，连乔安也骂了进去。乔安仔细地听着他的高声辱骂，有时还附和他几句。他这样的态度，让戴维倒感觉不好意思了，渐渐地，他停了下来。

在戴维口不择言时，乔安已经知道，他肯定是遇到了什么急事，急着用现金。因为，作为商人的戴维，不会不知道放弃保单意味着多大的损失，但他还这样强烈地要求，必定有他的原因。

等戴维安静下来的时候，乔安说："戴维先生，我完全同意您的看法，实在抱歉，我们没能给您提供最好的服务，敝公司实在应该在接到您的电话后24小时内，就把支票送来。现在我把支票带来了，有一点我不得不说明，您在这时候停保，损失很大。这是您要的钱，请收下！"

戴维收下支票，说："你说得不错，我要退保，就是为了要拿到这5000美元，好周转我的资金，你们公司就是不能爽快地把欠我的还我，哼！既然支票已经拿来了，现在你可以走了。"

乔安没有走，他说出的一番话，让赖特大吃一惊："您只要给我5分钟的时间，我就告诉您如何不必退保，而且还能拿到5000美元。"

"别骗我！"戴维虽然不相信，但是还是忍不住想知道，"说吧，我看你还有什么把戏。"

"如果您把保单做抵押向本公司借5000美元的话，只需要付出5%的利息，而且保单继续有效。并且，在这种情况下，如果发生什么意外的话，本公司仍然付5000美元赔偿金给您。这样您不但可以拿到救急的钱，还可以拥有您的保险。"

戴维一听这个办法，立即就对乔安说："谢谢您，这是支票，麻烦您帮我办理这个业务。"

就这样，乔安挽救了10000美元的保单。原因在于，他是抱着服务客户的准则来处理这件事情的。一般的业务员，只是告诉戴维，“你放弃保单会遭受损失的”，戴维也知道这个，难道他钱多得要给保险公司送钱吗？这个信息是无用的信息。而乔安的办法是要找到戴维放弃保单的真正原因，然后想办法帮他解决，这就是服务的精神。

半年以后，乔安又去拜访戴维，戴维的财务危机已经过去。乔安为戴维详细规划了一下他的保险问题，赢得了戴维的认同，戴维欣然买下一张20万美元的保单。

在随后的半年里，乔安又卖给戴维两笔抵押保险以及一笔意外险。

又过了半年，戴维第二次从乔安那里购买了一笔人寿大单。

而这一切，都是因为戴维的服务精神。

如果你给顾客提供长期优质的服务，你就永远有忠实的顾客。为人服务才是根本。推销工作无论什么情况下都要记得要以服务客户为准则，服务第一。

总之，服务也是产品，服务是顾客需求的核心内容，是竞争优势的源泉，相对于技术、质量、价格、渠道这些营销要素而言，服务更容易为营销带来飞跃。在营销背景下，服务已不再是一种被动应对，而是一种主动迎合，是一种战略性的销售工具和赢利工具。

互惠心理，先让客户欠你的人情

“来而不往非礼也”，这是一个人情往来的社会，当别人对你做了很大的付出时，你就会产生回报对方的想法。如果不这么做，内心就会感到不安。这是一种互惠的力量在“作祟”。销售也是一样。如果你在销售过程中，如果能够牢记并巧妙运用互惠心理，给顾客一些恩惠，使客户产生负债感，便能够在回报意图的作用下，有效地促使客户购买你所销售的产品。

一天，马先生接到一个电话，对方是一位年轻男士，自称是居民防火安全协会的服务人员，询问马先生是否愿意了解一些家庭防火安全方面的知识，是否愿意让人到他家里检查一下有没有什么安全隐患，而且还可以免费得到一个家用灭火器，并声称这一切服务都是不收费的。

马先生对此非常感兴趣，欣然地同意对方到自己家里来一趟，随后约好了时间。

到了那一天，那位年轻男士果然来了，并对马先生家里可能引起火灾的地方做了仔细的检查，还免费送给了马先生一个手持式便捷灭火器。检查完毕之后，他还给马先生一家讲了一些关于火灾的常规知识，并对马先生家里发生火灾的可能性做了一个评估。这位年轻男士所做的一切都让马先生全家感到十分的满意和感激，觉得自己确实从中获益不少。

此时，时机终于成熟，那位年轻男士根据马先生家发生火灾的可能性，建议他购买一套家庭火灾报警系统。全家人对此很感兴趣，于是就问从哪里可以买到，这时年轻男士便说如果真的需要，自己可以帮忙联系。最后马先生当然是购买了一套火灾报警系统，并且依然觉得那位年轻男士给了自己莫大的帮助。

这就是互惠心理在起作用。

为什么互惠心理有如此威力？俗话说，礼尚往来。人们都有一种不愿负债的心理。一旦受惠于人，心理会有一种压力，让人迫不及待想要卸下，这时就会痛痛快快地给出比我们所得要多得多的回报，以使自己得到心理重压下的解脱。互惠影响运用到销售之中，会产生非常好的效果。

例如，你去逛商场时，某品牌化妆品的销售人员热情地让你过去免费试用她们的产品。很多时候，她们会热情地为你做一次面部的肌肤护理。当做完半张脸后，她们会拿过镜子端着让你看一下效果，并且问你是不是感觉有些累了，顺手还会递上一杯清香怡人的茶。当得到你对化妆品的认可后，她们会征求你的意见，问你是不是愿意做完另一半脸的护理。此时，又有谁会说不呢？

接下来，热情的销售人员就开始了她们的销售，根据你的肌肤情况介绍不同的适合你的产品，什么精华乳、柔肤水、面膜一并提出，而且每种产品对你的肌肤都有不同的效果，有改善你干燥肌肤的，有效去除眼角细纹的，有明显改善肌肤暗黄的等。

试想，在如此热情的服务下，你还能说出“不买”两个字吗？即便囊中羞涩，恐怕你也会毫不犹豫地买下对方介绍的几种产品，哪怕是其中的一种。总之，你肯定不会空手走出她们的柜台。

这就是互惠心理在起作用。俗话说："吃人家的嘴软，拿人家的手短。"著名心理学家罗伯特·西奥迪尼指出：对于别人的付出我们要予以回报，否则就会产生愧疚感。这也正是我们平时所说的"互惠心理"。想要获得什么样的回报，往往不在于别人想要给你什么，而是你曾经给了别人什么。当你实实在在地为别人做了一些事情，给他带去了一些好处，别人就会想方设法地来报答你为其所做的一切。这是典型有效的利用互惠心理进行的销售策略。

孙老师买车快一年了，而车险也很快要到期了。这一天，孙老师接到了一家保险公司业务员打来的电话，当得知对方是推销车险的，孙老师就想挂掉电话，但还没等他挂，对方就说自己不是推销保险的，说公司最近正在推广一个活动，专门向广大新老客户免费赠送救援卡。拥有了这张救援卡的车主，可在市区四环以内免费享受半年的救援服务，介绍完之后问孙老师是不是对这张卡感兴趣。孙老师一听是免费送的救援卡，顿时就来了精神，不要白不要，于是就将自己的详细通信地址告诉了对方，而对方也确实很痛快，核对完地址后就马上挂了电话。两天后，李老师果然收到了一张救援卡。看着上面的说明，顿时觉得自己捡了一个不小的便宜。

收到卡后的第二天，那个业务员就又给孙老师打来了电话，问他有没有收到救援卡，并且说明了这次打电话的意图：一是确认孙老师有没有收到卡；二是提醒孙老师无论他是否是该保险公司的客户，这张卡在未来的6个月内都会有效。之后，孙老师逢人就说这家保险公司的好，还拿出前一家保险公司来对比。

眼看离孙老师的汽车保单有效期只剩一周的时间了，那位业务员又打来了电话，他说他知道孙老师的车险保单就要到期了，并传真传过来一份保单报价表，建议孙老师与其他家的车险对比一下，如果有兴趣可以选择他们的保险。

放下电话，孙老师赶紧拨通了其他几家保险公司的电话，询问了价格和服务内容，最后发现这家保险公司确实在价格和服务上有一定的优势。

但同时孙老师也感觉自己中了那家保险公司的“圈套”，业务员的三次电话，就让自己乖乖地成了他的客户。

在这个案例中，业务员通过赠送免费的救援卡，让孙老师觉得欠下了一个人情，为后来的推销作出了铺垫，同时也起到了十分重要的作用。

一般来说，无论在任何情况下，只要对方接受了你的某种礼物或帮助，就等于“欠了你一个人情”，而这笔“人情债”一天“不还”，对方的心里就会有一种无形的“道德压力”，直到有一天偿还为止，才感受到了一种“解脱”。互惠是一种普遍的心理影响力，善于应用这样的心理效应，就会为销售人员在建立客户关系时带来很大的帮助。

销售不是一次性买卖，而是与客户保持长久的联系

一位世界级的销售大师曾经给过所有销售人员一句忠告：“别忘了顾客，也别让顾客忘了你。”没有哪一位客户喜欢被轻视，因此，与客户保持联系是十分必要的。

王强自己经营一家电脑公司，他同时负责公司的电脑销售，而且在这方面做得非常好。他说：“一旦新电脑出了什么问题，客户打电话来要求维修，我会马上带着负责维修的工作人员前去维修，并会设法安抚客户，让他不要生气。我会告诉他，我们的人一定会把维修工作做好，他一定会觉得特别的满意，这也是我的工作。没有成功的售后服务，便不会有再次交易。如果客户仍觉得存在严重的问题，我的责任就是要和客户站在一边，确保他的电脑能够正常运行。我会帮助客户争取进一步的维护和修理，我会同他共同战斗，一起与电脑维修人员沟通，一起应付电脑供货商和制造商。无论何时何地，我总是要和我的客户站在一起，与他们同呼吸、共命运。”

王强将维护与客户的长期关系当作是长期的投资，绝不会卖一台电脑后即置客户于不顾。他本着来日方长、后会有期的态度，希望他日客户为他介绍亲朋好友来买电脑，或客

户的子女长大成人后继续买他的电脑卖。电脑卖出之后，他总希望让客户感到买到了一台好电脑，而且念念不忘。客户的亲戚朋友想买电脑时，自然首先便会考虑找他，这就是他的最终目标。

电脑卖给客户后，若客户没有任何联系的话，他就试着不断地与那位客户接触。打电话给老客户时，他开门见山便问："你以前买的电脑情况如何？"通常白天电话打到客户家里时，接电话的多半是客户家的保姆，她一般会回答："电脑情况很好。"他再问："有什么问题没有？"顺便向对方示意，在保修期内该将电脑仔细检查一遍，并让她提醒雇主在这期间送到厂里检修是免费的。

他也常常对客户家的保姆说："假使你需要装什么软件或程序的话，请打电话过来，我们会马上过去免费安装，并免费给你提供技术指导，请你及时提醒你的雇主。"

王强说："我不希望只销售给他这一台电脑，我特别珍惜我的客户，我希望他以后所买的每一台电脑都是从我这里销售出去的。"

事实表明，与客户保持持久的良好关系，是销售过程中成功的关键。交易结束后，销售人员最主要的工作是发展同老客户的友谊。具体工作是，我们要为完成交易的客户建立档案，并进行跟踪服务和展开人情攻势，不仅使之继续购买我们的产品，还要使之作为我们的朋友为我们推荐新客户，另外还要成为我们可以随时引述的活广告、活证据。因此，我们一定要注意发展与老客户的友谊。

推销不是一件简单的事情。销售员的职责是长期稳住客户，这样才能招徕回头生意。

1. 定期会面接触。有些客户只是希望常常看到你的样子。他们喜欢你，那也是他们买你的东西的一个原因。有些人对人情世故是很讲究的。“我就愿意到他那里去买东西，因为他对我十分客气、尊重我，偶尔还愿意听听我的话。”当然也有些客户不在乎能不能见到你，甚至他们还不喜欢与人接近。碰到这种人，我们就不要去打扰他。但是，尽管你不去打扰他，但你还得向他提供一些可以帮助他的信息，诸如：提一些有建设性的建议、通报一下有关发展趋势的信息、告诉他们最近新的品牌、告诉他们同行业中某些人的做法或想法。如果你总是充满友善、积极的想法并且愿意与他们共享，你就不会为有许多人希望见到你而感到惊讶。

2. 电话联络。建议你与你最好的客户每月至少通一次电话，并且每周专门安排出一个下午打这种服务性的电话，当你这样做了之后，你将会对它们给你带来的好处和机会感到意想不到的惊喜。

你每个月都会得到一些特殊的信息，每个月都会得到些新思想，被客户介绍来的新客户会络绎不绝。你打电话通常要询问的内容不外是产品的质量、使用的效果等等，最多问一问他们对你的个人的评价。这种电话打的时间不必很长，但要养成定期与你最好的客户通电话的习惯。这种习惯将会使你得到很可观的回报。

3. 书面联络。你可以同客户采取几种书面联络的形式：

（1）写一张便条。

（2）每月写一封正式的信函。

（3）寄送一些定期的新闻报道。这类的新闻报道可以介绍你自己的经营概况，也可以是你从外界得到的材料，但要印上你们公司的标记，让对方知道是你寄去的。

（4）复印报刊的文章，当然你得知道你的客户对哪方面的文章感兴趣。

（5）复印一些简报寄给你的客户，当然你也要了解他对哪方面的内容感兴趣，或者想同哪些人打交道。

（6）届时寄出一些道谢卡、生日祝贺卡、周年纪念卡，以及一些主要节日的祝福卡。

第十章　心理博弈，把拒绝变成订单

多谈产品价值，少说产品价格

抱怨产品价格贵，这是多数顾客选购商品时提出的异议。从销售学的角度看，价格对于客户来说具有一定的相对性。比如，客户对某种产品的需求越是强烈，他对该产品的价格就越不重视，即便价格较高，他也会认为还算合适；客户认识到产品能给其带来的利益越多，他对价格问题的考虑也就越少。因此，在销售洽谈过程中，销售人员应多强调产品能给客户带来什么利益，能解决哪些问题，满足什么需要，以此淡化他们的价格意识。

处理价格问题的一个基本原则是先价值，后价格。销售人员先谈产品的价值，让客户对产品的价值有了充分的认识之后，再谈产品的价格。这样在一定程度上会把握主动，使客户的思想行动受到销售人员的引导和影响。

有家企业的经理不堪垃圾邮件的困扰，终于有一天，他决定要为电子邮件租用企业邮箱了，一则为了自己的职业形象（E-mail邮箱与网址使用同一域名），二来也可以少些垃圾邮件和故障（这是使用免费邮箱的代价）。他有几个选择，年费从500元至900元不等。开始想要便宜的，最终却选了一个最贵的。为什么？看了下面一段对话就能明白。

经理：“你的价格太高了，比别人快贵一半了！”

网络运营商：“先生，您现在每天收到的垃圾邮件有多少？”

经理："少说也有50封，真不知道他们是怎么搞到我的邮箱地址的，现在毫无个人隐私可言！"

网络运营商："您如何处理的呢？"

经理："也不能一下子清空啊，里面也夹杂一些有用的邮件甚至客户的邮件，所以还得一个一个看，至少是标题。"

网络运营商："这很占用您的时间吗？"

经理："当然！碰到连续几天在外出差，邮箱就爆满了！不看吧，又生怕遗漏了重要信息。"

网络运营商："有这样的事发生吗？"

经理："别提了，最近就有一次，因为没及时看到客户的问讯邮件，丢了一个机会！"

网络运营商："那真的很不幸，除了垃圾邮件，您现在邮箱服务器的稳定性如何？"

经理："经常停机检修，而且不定期。每次停机，邮件是收不到的。"

网络运营商："这妨碍到您与客户的沟通吗？"

经理："是的，我很担心。因为这个原因，客户邮件丢失不是一次两次了，而双方都不知情。"

网络运营商："这对您的业务影响有多大呢？"

经理："还真得想想，我断定有的客户对我们抱怨，就是因为邮件沟通的问题！"

网络运营商："所以，一个运行稳定、能有效隔离垃圾邮件的电子邮箱对您很重要？"

经理："我想是这样。"

网络运营商："哪一点让您特别注意呢？"

经理："机会成本。如果不再发生邮件丢失、遗漏，机会也就不会浪费。当然，没了垃圾邮件，我能有更多时间与客户联络，这也是机会成本。对了，你说过你们在这些方面有技术优势，怎么做的？"

网络运营商："好，是这样……"

最后经理与这位网络运营商签下了三年的合同。

分析以上对话，可以看出，这位经理在网络运营商的引导下对邮箱评估标准的微妙变化：按重要性高低排列，对话前是"价格—防垃圾邮件—稳定性"，对话后则为"稳定性—防垃圾邮件—价格"。改变并非没有根据，而是网络运营商有效影响了经理作为客户的购买决策准则，从而与自己产品的强弱排列匹配（稳定性最强，防垃圾邮件其次，但价格最高也即最"弱"）。

销售实战告诉我们：价格对顾客而言永远都是偏高的，他们总觉得商家多赚了他们的钱。所以关键是销售员要让顾客觉得商品值这个"价格"。

在推介产品的过程中，销售员要把握住产品的品质、工艺与外观等方面的优点，同时采用比较法、拆分法等向顾客友好地解释产品物超所值的原因，设法让顾客理解你产品的价值和认同由此带来的利益，让他们相信产品的价格与价值是相符的。另外，在要点列举的同时，销售员可引用一些感性的数值，或者做一些辅助性的演示工作，加强销售话语的可信度。

以下是价格谈判中的一些技巧和策略。

1．在谈判过程中尽量列举一些产品的核心优点，并说一些与同行相比略高的特点，尽量避免说一些大众化的功能。

2．在适当的时候可以与比自己的报价低的产品相比较，可以从以下几方面考虑：

（1）顾客的使用情况（当然你必须对你自己的和你对手的顾客使用情况非常了解——知己知彼）。

（2）列举一些自己和竞争对手在为取得同一个项目工程，并同时展示产品和价格时，自己的顾客的反映情况（当然，这些情况全都是对自己有利的）。

3. 列举产品在参加各种各样的会议或博览会时专家、学者或有威望的人员对自己的产品的高度专业评语。

4. 列举一些产品获得的荣誉证书或奖杯等。

总之，当顾客认为价格高时，应采取“先价值后价格”的策略，从多方面引导顾客认可“质量好所以价格高”，让顾客充分认识到产品能给他带来的价值，他就自然不会再嫌贵了。

发掘并满足客户的心理需求

销售是发现需求，满足需求的过程。客户购买产品，一般都有自己的需求，没有搞清楚客户的真实想法就盲目地推销自己的产品，只会让客户反感，成交更是遥遥无期。对于销售人员来讲，只有先洞察、挖掘客户的需求，才能根据客户的实际情况，推广销售相应的产品，从而在满足客户需求的同时实现产品的价值。

所谓客户的需求，是指通过买卖双方的长期沟通，对客户购买产品的欲望、用途、功能、款式进行逐步发掘，将客户心里模糊的认识以精确的方式描述并展示出来的过程。客户的需求往往是多方面的、不确定的，需要销售人员去分析和引导。

约翰逊是一个杰出的商业家，他的投资范围十分广泛，包括旅馆、戏院、工厂、自动洗衣店等等。可是，出于某种考虑，他认为他应该再投资一项杂志出版业。

经由他人介绍，约翰逊看中了杂志出版家鲁滨孙先生。鲁滨孙是出版行业的大红人，很多出版商都争相罗致，但始终无法如愿。

约翰逊决定将鲁滨孙负责的杂志弄到手，并将鲁滨孙本人网罗旗下，经过一两次的会餐之后，双方有了初步的了解，并同意坐下在谈判开始之前，约翰逊经过调查和观察，知道鲁滨孙本人恃才自傲，而且瞧不起外行人。但另一方面，鲁滨孙现在已是妻儿满堂，对于独立操持高度冒险的事业已经没有当初的兴趣了，而且对于整日泡在办公室里处理繁琐事业早已深感乏味。

谈判开始后，约翰逊针对鲁滨孙的个人性格和心理状况，开门见山地承认自己对出版行业一窍不通。因此，需要借助有才干的人促成事业的成功。接着，约翰逊把一张25000元的支票放在桌子上，对鲁滨孙说："我们还要再给你应该得到的那些股份和长期的利益，不过，这点钱应该是经济实惠的，而且能马上兑现。"

为了解决鲁滨孙公务的烦恼，约翰逊还把一些部属介绍给鲁罗逊，包括经理在内。并且告诉鲁滨孙，这些人都归他使用，主要是为了帮助他处理办公室的繁琐事务，把他从办公室的繁琐事务中解放出来。

当他们继续往下谈的时候，鲁滨孙马上提议要现金，不要股票。但是约翰逊马上向他强调，他会向鲁滨孙提供长期的安全福利而且又告诉他股票在过去几年中如何涨价，利益如何可观，利息如何大等等。约翰逊更进一步强调他需要借助鲁滨孙的才能和干劲共创前程。经过一系列的谈判，鲁滨孙同意将他的杂志转手给约翰逊，并投到约翰逊的旗下，双方签订了五年的合约，内容包括：付给鲁滨孙4万元现金，其他红利以股票的形式支付等等。合约还规定三年之内，股票不得另行转让出售。

这样一来，谈判不仅满足了约翰逊的根本需要，而且也满足了鲁滨孙的重大需要。只要鲁滨孙有了足够的财政安全，而且扩大业务的要求得到支持，加之破产的危险减小，他就能够使业务蒸蒸日上。而约翰逊实际只付出了一笔比他预计的价格还低的金额，且获得了一批有价值的资产，而且还有一位才华出众的出版行业的大红人。

在这个案例中，约翰逊在充分了解对手的基础上，成功地运用了满足需要的技巧和方法，使双方通过谈判、让步，满足了鲁滨孙财政安全的需要、扩展业务的需要、减小破产危险的需要以及摆脱繁琐事务的需要，而反过来正是通过满足对方的需要，实现约翰逊自己的利益，满足了他更大程度上的需要。他们进行了一场双方都满意的谈判。

研究客户需要，满足客户需要是销售活动的核心。客户自身的需求是一切购买行为的源头，无论是简单的个人消费还是复杂的商业采购，需求是一切销售成交的开端。

在销售过程中，有很多的销售人员在拼命地介绍产品，以至于忘了先要了解顾客的需求。只要顾客来了，就拼命地介绍产品，按自己的意愿想说什么就说什么，这样自顾自地介绍产品效果肯定不会很好，因为你不知道顾客想要什么，在想什么，那么我们销售的针对性就比较差，满足顾客需求的可能性就比较小，销售成功的概率就比较小。事实上，一切影响客户购买的因素、一切成交过程中的方法和技巧，都是由客户需求生发出来的。当需求足够强烈的时候，其他一切因素都是居于次位的。如果你想顺利成交，关键在于你是否善于发现和挖掘客户的需求，然后沿着所发现的问题，分析问题，提出解决问题的方案。在这个过程中，客户的需求和客户的问题是中心，产品只是满足客户的需求、解决客户问题的一种工具而已。所以说，成交就是一个主动满足客户需求，帮客户克服困难、解决问题、排除障碍的过程。

美国著名的麦凯公司在它处于创业阶段的时候，为了扩大公司的规模，决定修建一座现代化的新厂房。扩建厂房的预算出来了，需要25万美金，但当时公司手头只有17.5万美元，因为公司方面没有出具可靠的担保，于是银行拒绝了麦凯公司的贷款请求，公司经理哈维·麦凯为此伤透了脑筋。他冥思苦想，终于想出了一个办法。

麦凯找到一个在当地非常有实力的建造商，对他说："我保证，如果你以17.5万美元替我把厂房盖好，我会成为你最好的业务员。在未来的五年之内，我会充分利用我的人际关系，替你找到至少五桩大生意。我有不少朋友正处在类似我的发展阶段，而我是他们中间第一个采取行动的人，而他们正在作壁上观，希望我为他们摸索出一条可行之路，好省下他们的力气，得到现成的经验。因此，一旦我的厂房能够顺利建成，他们对我会言听计从。你想想，五桩生意可比赚我一桩好得多。”

建造商仔细权衡之后，不由得心动了，但他还是与麦凯进行了一番讨价还价。首先，他要收20万美元，其次，要麦凯先替他找两桩生意。建造商的条件比筹集25万美元的资金要容易得多，于是麦凯痛快地答应了他的要求。协议顺利地达成了。麦凯借建造商之力，既节省了一大笔资金，又成功地建好了新的现代化厂房。麦凯的公司从此蒸蒸日上，而他本人也成为世界著名的企业家。

需求是可以发现的，也是可以挖掘创造的。创造需求，不是无中生有，更不是生拉硬扯，而是一种更高层次的消费心理满足。要实现这个层次的目标，就要切实站在客户角度，想客户所想，激发客户潜在需求。

需求产生行为，但并非所有的需求都会被人们意识到，只有当人的匮乏感达到某种迫切程度时，需求才会被激发，才会促使人有所行动。因此，有很多需求潜伏在消费者心底，需要被销售人员唤醒和激发。有资料证明，在消费者的整个需求中，潜在需求占70%～80%左右，因此，帮助顾客挖掘潜在需求，也是销售员的任务之一。难怪有人说销售就是要创造需求，但值得注意的是，创造需求不是脱离实际，而是要发掘和唤醒顾客的潜在需求，把潜在需求转化为现实需求。

知己知彼，了解客户的购买动机

需求是顾客购买商品的前提，而只有这些需求变得强烈起来，成为一种动机时，顾客才会真正采取行动。

而同样是顾客，其购买行为却大有差别，有的人喜欢名牌产品，有的人则喜欢便宜货，其主要是因为顾客的购买动机不同。

不同的家庭条件，不同的社会背景，不同的经济条件，不同的生活区域，不同的兴趣爱好，不同的价值观等，都会影响顾客的购买心理，购买动机在每一个购买行为中都存在，而且是千变万化的。

由于人的购买行为是受一定的购买动机或者多种购买动机支配的。研究这些动机，就是研究购买行为的原因，掌握了购买动机，就好比掌握了扩大销售的钥匙。

归纳起来，客户的消费心理主要有以下几种：

1. 求实心理。这是客户普遍存在的心理动机。他们购物时，首先要求商品必须具备实际的使用价值，讲究实用。有这种动机的客户在选购商品时，特别重视商品的质量效用，追求朴实大方、经久耐用，而不过分强调外形的新颖、美观、色调、线条及商品的“个性”特点，故在挑选商品时认真、仔细。

2. 求美心理。爱美之心，人皆有之。有求美心理的人，喜欢追求商品的欣赏价值和艺术价值，以中青年妇女和文艺界人士中较为多见，在经济发达国家的客户中也较为普遍。他们在挑选商品时，特别注重商品本身的造型美、色彩美，注重商品对人体的美化作用，对环境的装饰作用，以便达到艺术欣赏和精神享受的目的。

3. 求新心理。有的客户购买物品注重“时髦”和“奇特”，爱赶“潮流”。在经济条件较好的城市中的年轻男女中较为多见，在西方国家的一些客户身上也常见。

4. 求利心理。这是一种“少花钱多办事”的心理动机，其核心是“廉价”。有求利心理的客户在选购商品时，往往要对同类商品之间的价格差异进行仔细地比较，还喜欢选购折价或处理的商品。具有这种心理动机的人经济收入较低者为多。当然，也有经济收入较高而节约成习惯的人，精打细算，尽量少花钱。有些希望从购买商品中得到较多利益的客户，对商品的花色、质量很满意，爱不释手，但由于价格较贵，一时下不了购买的决心，便讨价还价。

5. 求名心理。这是以一种显示自己的地位和威望为主要目的的购买心理。有这种心理的客户多选购名牌，以此来“炫耀自己”，他们普遍存在于社会的各阶层，尤其是在现代社会中，由于名牌效应的影响，吃穿住行使用名牌，不仅提高了生活质量，更是一个人社会地位的体现。

6. 仿效心理。这是一种从众式的购买动机，其核心是不落后或“胜过他人”。他们对社会风气和周围环境非常敏感，总想跟着潮流走。有这种心理的客户，购买某种商品，往往不是由于急切的需要，而是由于为了赶上他人，超过他人，借以求得心理上的满足。

7. 偏好心理。这是一种以满足个人特殊爱好和情趣为目的的购买心理。有偏好心理动机的人，喜欢购买某一类型的商品。例如，有的人爱养花，有的人爱集邮，有的人爱摄影，有的人爱字画等。这种偏好性往往同某种专业、知识、生活情趣等有关。因而偏好性购买心理动机也往往比较理智，指向也比较稳定，具有经常性和持续性的特点。

8. 自尊心理。有这种心理的客户在购物时，既追求商品的使用价值，又追求精神方面的高雅。他们在购买之前，就希望他的购买行为受到销售人员的欢迎和热情友好的接待。经常有这样的情况，有的客户满怀希望地进商店购物，一见销售人员的脸冷若冰霜，就转身而去，到别的商店去买。

9. 疑虑心理。这是一种瞻前顾后的购物心理动机，其核心是怕“上当”“吃亏”。他们在购物的过程中，对商品的质量、性能、功效持怀疑态度，怕不好使用，怕上当受骗，满脑子的疑虑。因此，反复向销售人员询问，仔细地检查商品，并非常关心售后服务工作，直到心中的疑虑解除后，才肯掏钱购买。

10. 安全心理。有这种心理的人，他们对欲购的物品，要求必须能确保安全，尤其像食品、药品、洗涤用品、卫生用品、电器用品和交通工具等，不能出任何问题。因此，他们非常重视食品的保鲜期，药品有无副作用，洗涤用品有无化学反应，电器用具有无漏电现象等。在销售人员解说、保证后，才能放心地购买。

11. 隐秘心理。有这种心理的人，购物时不愿为他人所知，常常采取“秘密行动”。他们一旦选中某件商品，而周围无旁人观看时，便迅速成交。青年人购买和性有关的商品时常有这种情况。一些知名度很高的名人在购买高档商品时，也有类似情况。

不同的拒绝理由，采用相应的解决办法

面对各种各样的客户，销售人员必须拥有与其相适应的战术，这是成功的关键。然而，洞察客户的心理又是成功的首要前提，否则一切无从谈起。销售人员应具体分析造成客户拒绝成交的心理动态，并且指出相应的解决办法。

1.我没有钱。此时，客户心理动机无非有这么几点：价格太高，他想获得更多的优惠；他现在确实手头很紧，没有那么多的钱；对介绍的产品不感兴趣，不想购买；他想试着以没有钱的方式让价格降得低一些；过去不是怎么爱花钱，现在突然花这么多的钱，一点都不值得。

化解方法：是，100万是没有，不过这一点钱还能难倒你？没有钱买大的套盒，散装也可以呀！钱不是省出来的，女人不能说没有钱就不去美容，对吧！要不然要老公干吗？姐，很多女性都是说，自己没有钱，为家为老公省着，省到最后，钱是省出来了，可是老公却拿着钱去开会了（开房约会）；您看您的衣服，多好啊，都不是一般人穿得起的，还说没钱，我才不信呢！

遇此类型的客户首先要弄清客户的动机是什么？然后可采用幽默风趣的方来化解客户的疑虑，比如幽默地向客户说，姐100万是没有，像您这样有身份有品位的女士，这点钱还会在乎吗？还可以使用一下危机的方式暗示客户自己就算不花钱，老公也会花的，只是花的地方会给你没有安全感，然后举例说明即可。一般通过这两种手法很轻松就可以达到让客户提高购买产品的意识和下定决心购买产品。

2.价格太高了。客户心理动机可能有以下几个方面：他想获得更多的优惠；产品价格也太高了，得便宜些！这个产品的价格与产品本身不等值，不值那么多钱；他就是随便看看，用价格高来脱身。

化解方法：只是因为价格吗？除了价格还有其他的吗？姐，一分价钱，一分货，像您这么有身份、有地位的成功女性（白领，有气质，优雅，富态）当然要选择适合您身份的产品，对吗？太便宜的怎么拿得出手啊！再说了，便宜没好货你说对吧！同样的价钱，我们的品质是最好的！化妆品便宜的都是含铅贡对身体有害的，你敢要吗？我们的是纯天然的。

说服客户的最好办法就是首先和客户的声音、声调、肢体语言和面部表情相配合，使客户感到亲和感，从而拉近客户的距离，然后再探知客户心理，具体方法可采用上堆和下切的沟通方法了解客户的真正意图，明确客户意图后可对应以上话述化解客户的消费疑虑。

3.我没有时间。客户心理动机大多是因为：她很想做美容可是真的很忙没有时间；她对你介绍的产品不感兴趣！她在这里做不做都无所谓；你这里产品的价格有点高，便宜点或许她会考虑在这里做美容。

化解方法：只是因为没有时间吗？时间不还是您安排出来的嘛！之所以没有时间是因为您从来都没有计划过对吗？一点时间都没有吗？看来姐，您还是挺在乎美容的，只是因为没有时间才不做是吧！（是的）嗯，假如说有时间的话您一定会做，对吗？（是的）为了您的美丽和健康，那让我们为您计划一下时间好吧！（接着可以将客户的一天的工作安排情况列出来，按重要、紧急、不重要、紧急、重要、不紧急排列）；姐，凡是懂得爱美、有身份、有地位的女士每周一定会最少抽45分钟来做美容的；很多客户开始的时候都说没有时间，可是尝试做过几次后，发现在美容院做美容，不但起到美容的效果，还能放松身体、并且工作的时候特别有精神，好几个客户因为在美容院做美容还升职了呢！

遇到此类型问题首先采用上堆和下切平行的沟通方式弄清客户的真正意图，然后再采用跟带的方式改变客户的价值观，使客户明白要想美丽、要想健康，就必须付出时间。

4．产品太贵了。客户心理动机也许有以下几个：他想获得实惠，而表现出想让销售人员降价的意愿；产品的包装形象看上去不值那么多的钱；他很想买，可是价格太高了，负担不了；他只是来看看，并不想购买，说价格高就是为了能脱身。

化解方法：我们的产品就是针对白领及成功人士研发的；我们的服务到位、环境好。其他地方价格虽然便宜但是服务、环境、价格、品质……唉！如果我的话，绝对不敢去；是的，刚接触这个品牌的时候，我也觉得贵，可是看着使用过的客户一个个脸上满意的笑容的时候，我就觉得产品不是贵不贵的问题，而是能不能帮助客户解决问题，您说对吧？您和什么样的产品相比较？那您想要什么样价位的产品？高档的？还是一般的？

当客户提出这样的拒绝时，首先要注意客户的表情，如果表现出惊异的表情则说明客户接受不了这样的价格，如果面部表情没有太大的变化而说产品价格太贵了，则说明客户可以接受这样的价格，目的是想让价格降得更低，使自己获得更多的实惠。如果客户说价格太贵，而又没有下文则表明客户没有购买产品的欲望。具体的回应应根据具体的情况而定。

把握成交信号，判断客户购买意图

所谓成交信号，是指客户在销售洽谈过程中所表现出来的各种成交意向。在不同的推销活动中，成交时机的到来常常会伴随着许多特征变化和相关信号。作为一名销售人员应当及时了解并捕捉客户的成交信号，领会客户流露出来的各类暗示。通过察言观色，根据客户的说话方式和面部表情的变化，判断出客户真正的购买意图。

很多销售人员之所以得不到订单，并不是他们不努力，而是因为他们不懂得捕捉和识别客户的成交信号的方法，结果失去了成交的大好时机。

某配件生产公司研发出了一种新型的配件，较过去的产品有很多性能上的优势，价格也不算高。销售人员张亮十分勤奋，沟通能力也非常不错。公司让张亮立刻联系了几个老客户，他们都产生了浓厚的兴趣。

其中，有一家企业的采购部主任表现得非常热情，反复向张亮咨询有关情况。张亮详细、耐心地解答，客户频频点头。双方聊了两个多小时，十分愉快，但张亮并没有向客户索要订单。他想，客户对产品的了解尚不透彻，应该多接触几次再下单。

几天后，他再次和客户联系，补充了上次遗漏的一些优点，客户非常高兴，就价格问题和他仔细商谈了一番，并表示一定会购买。此后，客户多次与张亮联络，显得很有诚意。

为了进一步巩固客户的好感，张亮一次又一次地与客户接触，并逐步与客户的主要负责人建立起了良好的关系。他想："这笔单子肯定是十拿九稳了。"

然而，半个月过去了，客户的热情却莫名其妙地慢慢降低了。再后来，客户还发现了他们在产品中的几个小问题。如此拖了近一个月后，这笔就要到手的单子就这样废了。

上例中的张亮为什么失败？其主要原因就在于他没有把握好成交的时机！如果他在客户第一次对产品表现出兴趣的时候，就要求下单，会怎么样呢？虽然不能保证有百分百的成功率，但是至少机会是非常大的。

一般来说，客户的成交信号具有很大程度的可测性，客户在已决定成交但尚未采取成交行动时，或已有成交意向但不十分确定时，常常会不自觉地表露其内在心态。在大多数情况下，客户决定购买的信号通过行动、言语、表情、姿势等渠道反映出来，销售人员只要细心观察便会发现。

最能够直接透露成交讯息的就是客户的眼神，若是商品非常具有吸引力，客户的眼中就会显现出美丽而渴望的光彩。例如，当销售人员说到使用这一项商品可以获得可观的利益，或是节省大额金钱时，客户的眼睛如果随之一亮，就代表客户的认同点是在获利上，此时客户正显露出他的成交信号。

你将宣传资料交给客户观看时，若他只是随便地翻看后就把资料搁在一旁，这说明他对于你的资料缺乏认同，或是根本没有兴趣。反之，若见到客户的动作十分积极，仿佛如获至宝一般地频频发问与探询，则是已经浮现成交讯号。

当客户由坚定的口吻转为商量的语调时，就是成交的讯号。另外，当客户由怀疑的问答用语转变为惊叹用语时也是成交的讯号。例如："你们的产品可靠吗？""你们的服务做得好吗？"等问句，如果变成"使用你们产品之后有没有保障呢？""必须多久保养一次？"也都透露出客户在认同产品后，心中想象将来使用时可能产生的迷失，因此会以问题来替代疑惑，而呈现想要购买的前兆。

当客户为了细节而不断询问销售人员时，这种一探究竟的心态，其实也是一种成交讯号。如果销售人员可以将客户心中的疑虑一一解释清楚，而且答案也令其满意，订单马上就会到手，怕就怕有些客户会问一些不着边际的话来逗你，让你疲于奔命，或是问一些十分艰涩的问题，企图用问题来打垮销售人员的信心，此时销售人员必须凭着经验判断客户的用意，并在很快的时间内转移话题。再导入推销之中，才能继续运用先前所努力的成果。

在销售工作中，一位杰出的销售人员应当在推销活动的始终时刻注意观察客户，学会捕捉客户发出的各类成交信号，只要信号一出现，就要迅速转入敦促成交的工作。

利用从众心理，促使客户作出购买决定

“从众”是一种比较普遍的社会心理和行为现象，也就是人们常说的“随大流”。大家都这么认为，我也这么认为；大家都这么做，我也跟着这么做。生活中，人们在挑选商品的时候也有这样的从众心理。例如，当某商店门口排了一条长队，路过的人也容易随之加入排队的行列。因为客户会想：既然有那么多的人在排队，就一定有利可图，不能错失良机。如此一来，排队的顾客会络绎不绝，队伍越来越长，而在这条队伍中，多数人可能并没有明确的购买动机，只是在相互影响、相互征服，即顾客宁愿相信顾客，也不愿相信自己，更不愿相信销售员。既然顾客有这种爱好，你就可以营造这一氛围，让顾客排起队来。

在销售过程中，销售人员可以巧妙地利用客户的这种从众心理来营造营销氛围，影响人群中的一部分人接受产品，从而达到让整个人群都接受产品的目的。当你在向客户推销你的产品的时候，你首先告诉他，有多少人买过你的产品，那么这对客户的影响将会是很大的。比如有些销售人员经常会对客户说：“您的好几位同事都买了这种保险，我想您一定会和他们一样明智的！”“××公司的汪总经理也投了这种保险。听汪总说，他和您还是老同学呢。”“你熟悉的周太太，上星期便买了这个险种，而且一下子保了五份呢！”“如果您也能像您的朋友方先生那样接受我的保险服务，那将是我的荣幸。”这样的言辞就巧妙

地利用了客户的从众心理，让客户在心理上得到了一种依靠和安全保障，从而愿意购买产品。

小孙是一位经验丰富的销售人员，他总是随身带着有很多客户亲笔签名的名单。在拜访客户的时候，他经常会把名单放在客户面前。

“我很为我们的客户感到骄傲”，他说，“您知道某公司的董事长吗？”

“哦，知道，他很出名！”

“他是我们的客户，这上面有他的名字。那您肯定也听说过某某吧，他可是影视歌三栖的大明星！我还知道您是他的忠实影迷呢，他也是我们的客户，瞧，这上面也有他的亲笔签名。”

他兴致勃勃地谈论着这些名字，然后说：“他们都是受益于我们产品的客户……”他又读了更多的有威望的人的名字之后，说：“我想您应该相信他们的判断力，我希望您的名字能同他们的写在一起。”

通常客户听完他的介绍后，都会主动购买他的产品。

从众心理是对人们心理的一种引导作用。从心理学的角度来说，客户之间相互的影响力要远远大于推销人员的说服力。相对于总是想方设法掏光自己口袋的销售人员来说，身边的人更值得自己信赖。为此，销售人员可以利用客户的“从众心理”，来激发客户迅速作出购买决定。

虽然客户具有从众心理，但如果你所列举的成功销售案例没有足够的说服力，那么客户也不会为之心动，更不会去买单，所以你应当尽可能选择那些人尽皆知，比较有权威性的，对客户影响较大的老客户作为列举对象，否则很难激起客户的从众心理。比如你可以告知客户某明星，某名人都在使用本产品，这样更容易激起客户的从众心理。

当然，你在向客户列举案例的时候一定要本着实事求是的原则，切忌夸大其词，否则一旦客户发现你所列举的案例不具备真实性，就会觉得你是在欺骗他，你是不值得信任，这时客户就会站出来揭穿你的谎言来维护自己的利益，这样对你而言没有任何好处。